Rita

JUAN ARIAS

Rita
A SANTA DO IMPOSSÍVEL

Tradução
OLGA SAVARY

SUMÁRIO

Introdução 7

Por Que Santa Rita?

Capítulo I 13

Uma Santa Diferente

Capítulo II 17

O que se Sabe de sua História

Capítulo III 23

Como Era Rita Fisicamente?

Capítulo IV 27

Vida de Santo e seus Clichês

Capítulo V 35

Como se Fabrica um Santo

Capítulo VI 51

Os Pais de Rita

Capítulo VII 59

Nascimento e Infância

Capítulo VIII 67

Juventude e Noivado

Capítulo IX 73

Rita Esposa

Capítulo X 81

Rita Mãe

Capítulo XI 87

O Assassinato do Marido de Rita

Capítulo XII 93

Rita Viúva

Capítulo XIII 99

Como Rita Consegue Entrar no Convento que á Rechaçava

Capítulo XIV 109

Quarenta Anos de Silêncio

Capítulo XV 113

O Misterioso Espinho na Fronte de Rita

Capítulo XVI 119

A Morte de Rita

Capítulo XVII 129

O Processo de Beatificação

Capítulo XVIII 135

A Canonização

Capítulo XIX 143

O Corpo Incorrupto

Capítulo XX 151

A Vida de Rita Através das Pinturas

Capítulo XXI 155

Rita Abriu o Século XXI na Praça de São Pedro

Considerações Finais 161

Biografia Básica 163

Por Que Santa Rita?

Escrever a vida de um santo é sempre um desafio. Santos são personagens cristalizados, intocáveis, e seus devotos criaram deles uma imagem bem concreta. Além disso, trata-se de pesquisar até encontrar o rosto humano do santo, num processo semelhante ao que se fez com as pinturas de Miguel Ângelo na Capela Sistina do Vaticano, de ir tirando as camadas amontoadas pelo tempo para descobrir o trabalho original. Porém, aqui a tarefa é ainda mais árdua. É preciso enfrentar muitas resistências quando se quer retocar a imagem já mitificada e glorificada de um santo, pois qualquer intento de chegar até as camadas mais existenciais e humanas do personagem pode parecer profanação.

Por isso, reescrever a biografia de um santo ou de uma santa é sempre um desafio, um desafio que aceitei com prazer instigado pela Editora Objetiva.

Dois santos desde sempre chamaram minha atenção, despertando minha simpatia. Os dois são italianos, possuidores de uma certa doçura original, como o lugar que os viu nascer: a verde e espiritual região da Úmbria. Ambos são amados pelas pessoas sensíveis. Refiro-me a Francisco de Assis e a Rita de Cássia. Do *poverello* de Assis sabemos muito mais, porque possuímos dele documentos históricos e até relatos escritos seus. De Rita, muito pouco, já que seus primeiros biógrafos começaram a traçar sua vida mais de cem anos depois de sua morte. Dela, mais se ignora do que se conhece. Algo parecido ao que ocorre com Maria de Nazaré, a mãe de Jesus. Ambas são enormemente amadas por crentes e não crentes. Rita é considerada a "advogada das causas impossíveis", a santa através da qual as pessoas conseguem mais prodígios.

Quando escolhi a vida de Rita e decidi traçar seu retrato humano, lembrei de quando eu e meus irmãos, Encarna e Pepe, éramos crianças e brigávamos por algum brinquedo ou doce. Minha mãe, que era profundamente religiosa, e meu pai que, ao contrário, era agnóstico, porém com sólidos princípios de ética e de justiça social, nos falavam que Santa Rita não ia gostar daquilo. Meus pais deviam ter lido em algum lugar que a simpática e milagrosa santa italiana havia se tornado célebre por "estimular a paz entre as famílias e as pessoas". Os pais de Rita pertenciam aos chamados "pacificadores", uma profissão que, naquela tardia Idade Média, era reconhecida pelas autoridades públicas. Numa época marcada por conflitos seculares entre famílias, que resultavam muitas vezes em enfrentamentos sangrentos, o trabalho dos pacificadores era romper o ciclo de vinganças, propondo o perdão mútuo entre os contendores e evitando assim maiores desgraças.

Rita, semeadora de paz

Se quiséssemos resumir a personalidade de Rita em duas expressões, poderíamos dizer que ela foi semeadora da paz e do perdão em uma sociedade onde reinavam a vingança e a guerra, e que possuiu um amor especial pelos mais despossuídos, pobres e enfermos, numa época onde essas pessoas sequer eram reconhecidas como seres humanos. A gente de seu tempo amou Rita não só por sua simpatia pessoal, sua bondade inata, mas também porque viam nela a mulher com a qual era fácil identificar-se. Ao contrário da maioria dos santos canonizados, que costumam aparecer como pessoas pouco acessíveis e que a maioria dos mortais teria dificuldade em imitar, Rita havia passado por todas as circunstâncias de uma vida normal.

Foi uma menina alegre e feliz, amada pelos pais. Não era da nobreza, tampouco era pobre. Foi uma jovem apaixonada, casou-se, exerceu sua sexualidade e desfrutou das delícias da maternidade dando à luz dois filhos e criando-os. Ao mesmo tempo, teve também seus momentos de calvário. Assassinaram-lhe o marido diante de seus olhos e seus dois filhos morreram no início da adolescência, talvez vítimas da peste, enfermidade que então dizimava famílias e cidades inteiras. Sofreu também as incompreensões da família do marido ao negar-se a descobrir seus assassinos para não desencadear um rosário de vinganças familiares. Profundamente religiosa como era, ao encontrar-se viúva e jovem, com pouco mais de trinta anos, e rechaçada pela família do pai de seus filhos, buscou refúgio em um convento de religiosas da Ordem de Santo Agostinho. Lá, pôde entregar-se não só a seus desejos de espiritualidade – Rita era considerada culta para seu tempo, pois alfabetizara-se no esforço de ler a Bíblia – como também a seu apostolado na cidade, semeando sentimentos de paz entre as famílias e assistindo os mais pobres e acometidos pela doença e a miséria.

Viveu tão próxima dos problemas das pessoas, tendo, provavelmente, uma personalidade tão forte e uma fascinação humana tão pronunciada, que uma das coisas seguras de sua biografia é que foi considerada santa em vida. Prova disso é que não foi possível enterrá-la logo após sua morte, já anciã, como era costume com as outras religiosas do convento, pois seu corpo teve de ficar vários dias exposto à veneração pública. E ainda que a Igreja não reconheça os milagres dos santos realizados antes de sua morte, de Rita contam-se centenas deles já durante sua vida.

A Rita inventada

Existe de Rita meio milhão de biografias, a maior parte só apologética e de caráter abertamente devocional, sem nenhum aparato crítico. Quase todas se baseiam em uma das primeiras, surgida no distante século XVII, quando ainda não se tinha investigações históricas sérias sobre sua vida e sobre o mundo em que havia vivido. Felizmente, nos últimos tempos, a imponente obra publicada na Itália, intitulada *A Ordem Agostiniana em Cássia — Novas datas históricas sobre a vida de Santa Rita e de outros ilustres agostinianos*, de Vittorio Giorgetti, Omero Sabatini e Sabatino de Ludovico, abre as possibilidades para uma revisão crítica das biografias escritas até agora. Sem dúvida, para traçar este retrato entre literário e histórico da simpática mulher da Úmbria que conquistou a devoção de milhões de fiéis de todo o mundo e de todas as classes sociais, temos levado especialmente em conta a referida publicação de setecentas páginas da editora Quatroemme (Perúgia), assim como a obra de Franco Cuomo, *Rita de Cássia — A Santa dos casos impossíveis* (Edições Paulinas), uma das obras atuais sobre a santa mais bem documentadas.

Meu retrato sobre Rita não pretende negar o que a tradição criou sobre ela de mito e lenda, nem tampouco o que considero como um dever jornalístico, ou seja, inclinar-me mais sobre fatos, porém com fundamento histórico, da vida da interessante santa popular do que seguir os caminhos da apologética e do mito. Meu retrato poderá assemelhar-se ao de um pintor que, por não conhecer todos os detalhes da paisagem que deseja deixar plasmada na tela, escolhe, sem dúvida, aqueles tons e aqueles traços que lhe parecem mais naturais.

Uma santa que inspira simpatia

É claro que eu não me decidiria a escrever o retrato de Rita se não possuísse uma certa simpatia pela santa de Cássia, uma cidade encantada, que mantém ainda não só a aura religiosa da santa, como também toda a fascinação das cidades medievais italianas, onde, como em tudo daquele país, predomina a doce linha curva. Na minha terra, a Espanha, ocorre o oposto: o ângulo reto e a austeridade das formas primam sobre as curvas. Algo disto condiciona também a peculiaridade dos santos de ambos os países: mais ternos e populares, mais maternais os italianos e mais severos e combativos, os espanhóis. Basta comparar um Francisco de Assis com um Inácio de Loyola, ou uma Rita de Cássia com uma Teresa de Ávila.

A santidade pode dar-se em personalidades muito diferentes, nas culturas e tradições mais diversas. A santidade é somente uma qualidade do espírito. Recordo a agitação produzida na França quando saiu o primeiro estudo psicanalítico sobre alguns santos famosos de todo o mundo. A conclusão dos investigadores era que muitas das grandes santas poderiam ter sido também grandes prostitutas e muitos dos santos, grandes assassinos. O escândalo estava armado. Porém os psicanalistas explicaram que a Igreja exige para a santidade virtudes heróicas, e que só pessoas com grandes temperamentos e capazes de grandes paixões podem ser também capazes deste tipo de heroísmo.

Rita não foi uma mulher qualquer, ainda que tivesse vivido a vida normal de quase todas as mulheres de seu tempo. Foi sem dúvida, do pouco que conhecemos, uma mulher excepcional, capaz de grandes gestos, por exemplo no campo do perdão e da entrega a seus semelhantes mais desamparados. Dela se chega a contar que preferia ver seus filhos mortos do que envolvidos em um tropel de morte e violência para vingar o assassinato do pai. Foi uma dessas mulheres fortes e ao mesmo tempo prudentes, das quais a Bíblia fala com elogio. Foi, sem dúvida, uma mulher possuída por essa sabedoria que os simples e humildes são capazes de captar e apreciar melhor que ninguém. Por isso é tão amada popularmente.

Capítulo I

Uma Santa Diferente

Rita de Cássia é um caso atípico de santidade. Quase um paradoxo. As pessoas a fizeram santa antes de ela morrer. Antes mesmo de a Igreja decidir que ela merecia a glória dos altares, os fiéis já a veneravam, pediam-lhe graças e a consideravam uma mulher e uma cristã especial. Além disso, como mulher, ao contrário da maioria das santas canonizadas que passaram sua vida dentro dos muros de um convento, onde haviam ingressado quase meninas, Rita tinha vivido, antes de entrar no Monastério de Maria Madalena, das madres agostinianas de clausura, todas as etapas de qualquer mulher do mundo. Foi noiva, casada, mãe e viúva. Já era conhecida como uma mulher forte e especial, com uma capacidade inaudita de perdão.

Para a Igreja, todos os santos canonizados têm um denominador comum: devem ter exercido, de forma exemplar e até heróica, as principais virtudes cristãs, como a fé, a esperança e, sobretudo, a caridade. E devem ter conseguido graças miraculosas de Deus para seus devotos através de sua mediação.

Fora disso, cada santo pode ser totalmente diferente, seja pelo caráter, cultura, condições sociais e até pelos gostos pessoais. Sabe-se de santos que demonstraram suas qualidades espirituais dedicando-se à contemplação, vivendo as culminâncias da mística em seus encontros íntimos com a divindade. Outros preferiram dedicar sua vida e suas energias a educar as crianças abandonadas; ou a preservar a cultura, como por exemplo os beneditinos cuja ordem foi fundada por São Bento. Ou dedicaram-se a dar assistência aos doentes, aos presos, aos órfãos, aos mais necessitados. E até sabe-se de santos guerreiros, vindos do exército, como Inácio de Loyola, fundador da ordem dos jesuítas. Houve tempo em que os franciscanos se dedicaram a apagar os fogos nos povoados e cidades quando o Estado ainda não cobria essa necessidade urgente. E um grande número de congregações e instituições de ensino, cujos fundadores foram canonizados, como João Bosco, dos salesianos, ou o padre Poveda, da Instituição Teresiana, nasceu para substituir o Estado na educação dos mais pobres. Embora depois seus seguidores — como tivessem se esquecido destes princípios — tenham acabado convertendo seus colégios em instituições de ensino para os filhos das classes abastadas.

Santa Rita não foi fundadora de nenhuma ordem ou congregação religiosa, nem foi uma mística dedicada exclusivamente aos êxtases espirituais, nem uma doutora da Igreja, como Teresa de Ávila ou Catarina de Siena. Não teve uma missão especial de Deus. Foi simplesmente, antes de entrar na vida religiosa, uma mulher como a maioria de suas contemporâneas, ainda que com uma força de espírito particular, com uma bondade extraordinária e uma atração especial: sua simpatia e seus desejos de paz e de reconciliação. Nunca foi uma santa triste nem angustiada.

Ao contrário de outras santas, que se revelaram como tal somente dentro das grades de um convento, Rita já era famosa e querida pela população de Cássia quando, aos trinta anos, depois de ter criado os dois filhos, decidiu dedicar-se à vida religiosa. E as pessoas continuaram a segui-la, durante sua vida de entrega no convento, como se ela ainda estivesse fora. Sentiam-na como algo próprio, que pertencia a todos, já que com ela a cidade, as famílias e as pessoas se sentiam melhores, mais em paz, com menos ganas de vinganças e guerras. E os pobres e enfermos, os mendigos, aqueles a quem ela acudia diariamente, menos sós e humilhados.

Foi considerada santa já em vida

Pelo convento onde Rita viveu a última parte de sua existência terrena, passaram centenas de outras religiosas. Poucas são lembradas. Nenhuma teve, como Rita, um caixão com pinturas e até um poema escrito em sua homenagem. Nenhuma delas, cem anos depois de sua morte, foi lembrada. Rita, sim. Quando os agostinianos decidiram abrir seu processo de beatificação e os enviados do Vaticano percorreram a cidade recolhendo provas de sua fama e de seus milagres, muitos lembraram já terem ouvido histórias de seus familiares, já desaparecidos, que contavam daquela mulher amada por todos, semeadora de paz, cuja memória nunca se havia desvanecido e cuja recordação fora se transmitindo através das gerações.

Geralmente, quando Roma abre um processo de beatificação ou de canonização, busca encontrar e autenticar algum milagre realizado pela intervenção do santo ou da santa em questão. Com Rita foi o contrário. Eram tantos os prodígios e graças recebidas, das quais as pessoas se recordavam e que encheram de volumes o processo, que tiveram que ser escolhidos só alguns como os mais significativos. Rara era a família que não dizia ter sido favorecida com algum milagre da santa. E todas as graças concedidas por intercessão de Rita tinham um denominador comum: eram coisas consideradas impossíveis ou milagres relacionados com a paz e a concórdia familiar, os chamados "milagres psicológicos", como o fato de uma família acabar perdoando seus inimigos eternos, que semearam morte e dor entre seus antepassados.

Rita foi sempre uma santa simpática, que inspirava ternura, que não dava medo, nem infundia esse respeito que certos santos, que levaram uma vida deliberadamente austera, separados de tudo o que cheirasse à realidade dos sentidos, infundem. Santos mais anjos que humanos, desligados da realidade da carne e, por fim, difíceis de imitar.

Seu amor pela natureza

É muito provável, como era costume na religiosidade de seu tempo, que Rita também tenha se submetido, sobretudo no convento, às tradicionais práticas de penitências que ainda hoje costumam infligir-se os religiosos para recordar a paixão de Cristo e como antídoto contra as tentações, como cilícios e flagelações.

Porém isso não passa de um detalhe a mais em sua vida. O que a destacava das outras religiosas consideradas santas era sobretudo o seu amor pela natureza e sua paixão em ajudar os mais necessitados ao seu redor. Por isso foi mais amada que admirada.

Tanto os seguidores da espiritualidade agostiniana como os da espiritualidade franciscana disputam a religiosidade de Santa Rita. Em Cássia, predominava a influência da espiritualidade de Santo Agostinho, um dos maiores e mais famosos santos da Igreja, criador de uma das ordens de maior prestígio. Porém Rita também esteve imbuída desde menina do espírito franciscano. Como cidadã da região da Úmbria, terra de São Francisco de Assis, Rita havia absorvido aquela especial espiritualidade do *poverello*, composta de simplicidade, de amor pelos animais, pelo sol e pela água, por todos os elementos da natureza cantada em seus versos. Rita, pelo pouco que se conhece ou se intui de seu caráter, apesar de ter vivido a fundo a espiritualidade agostiniana no convento, nunca deixou de lado sua parte franciscana de extrema e jovial simplicidade. Ela amava tudo. E talvez essa mistura de espiritualidades, a dos agostinianos e a dos franciscanos, da qual Rita usufruiu desde menina em sua própria casa, onde seus pais eram profundamente religiosos, é que tenha feito com que sua personalidade se destacasse desde o primeiro momento entre seus próprios contemporâneos e que se perpetuasse na memória deles.

Capítulo II

O Que se Sabe de Sua História

Sabe-se tão pouco da vida de Rita, que houve momentos em que se chegou a pensar que ela nem havia existido e que se tratava de uma bela lenda popular. Não seria a primeira vez na história da Igreja: Roma já precisou tirar santos do calendário por esse mesmo motivo. Porém o que impressiona é que uma santa, da qual sabemos tão pouco, tenha podido converter-se no mundo inteiro na santa mais popular e amada por todos e não só pelos mais pobres e humildes.

Quando eu começava a investigar sobre a história de Rita, veio visitar-nos, em nossa casa de Saquarema, a editora Bia Hetzel, pessoa de fina cultura e de rara sensibilidade artística. Eu lhe disse, enquanto olhava minha mesa de trabalho diante do Atlântico, que ia escrever um retrato humano sobre Santa Rita. Santa Rita? – ela exclamou surpreendida. Sim, respondi, e lhe perguntei se ela sabia algo da santa de Cássia. Bia, tirando do pescoço uma medalha de ouro da santa da Úmbria, respondeu: "É uma santa que amo muito e que levo sempre sobre meu peito." E me lembrou que em Paraty, a bela cidade do barroco português, entre Rio e São Paulo, que conta com uma bela igreja dedicada à santa, uma boa parte das mulheres chama-se Rita.

Assim como a aldeia de Nazaré, onde provavelmente nasceu Maria, a mãe de Jesus, é tão insignificante que nem aparece nos mapas de seu tempo, a aldeia onde provavelmente nasceu a pequena Rita, chamada Roccaporena, a cinco quilômetros de Cássia, na Itália, tampouco era nada. E de toda a região da Úmbria, com cidades tão importantes como Assis, Perusa, Spoleto, Orvieto, Nórcia e outras, a própria cidade de Cássia, apesar de maravilhosa, não aparece hoje em importantes guias turísticos, mesmo que a santa a tenha tornado visível ao mundo, a ponto de existir um aeroporto para que os devotos de toda parte possam chegar até o seu túmulo.

Viveu quando os papas estavam exilados na França

Rita viveu entre o século XIV e o século XV, na chamada alta Idade Média, uma época difícil na Itália por conta da ausência dos papas, que de Roma mudaram para Avignon, na França, onde o pontificado permaneceu desde o ano de 1305 até 1377. O famoso cisma, com o vulcão produzido pelo escândalo dos papas e antipapas, ocorria quando na Itália o papado era não só uma potência espiritual como também terrena, com os famosos Estados pontifícios e as lutas de muitos para livrar-se do jugo que oprimia os mais pobres. Para se ter uma idéia desses tempos, basta lembrar a anedota de que em Roma, durante os Estados pontifícios, até as prostitutas tinham que pagar impostos ao papa.

As cidades de então viviam em guerras permanentes entre os chamados guelfos e gibelinos, quer dizer, os que apoiavam o poder pontifício e os que se rebelavam contra ele. Cássia, desde o século XII, foi governada por uma oligarquia aristocrática, formada principalmente por proprietários de imóveis e terras, artesãos e comerciantes. Sempre se considerou guelfa e próxima ao poder pontifício. E os conflitos armados com os gibelinos, que desejavam liberar-se da tirania eclesiástica, eram freqüentes e protagonizados pelas próprias famílias. Conflitos que acabavam em assassinatos e homicídios fazendo com que as famílias afetadas jurassem vingança eterna, uma vingança que, às vezes, podia se concretizar violentamente depois de várias gerações.

Nesse ambiente de violência – ainda que também existissem tempos de paz e de tranqüilidade – nasceu Rita, na parte da Úmbria mais montanhosa e austera. Roccaporena, sua aldeia, está encravada entre a montanha e o rio Corno. Na realidade, Roccaporena era um subúrbio da cidade de Cássia, da província de Perusa, na verde região da Úmbria, no centro da Itália, que disputa suas belezas naturais e seu grande patrimônio artístico com a região limítrofe de Florença, berço do Renascimento italiano.

Roccaporena possui uma paisagem que fascina e impressiona ao mesmo tempo. Até poderia lembrar a velha cratera de um vulcão.

Antigamente, para se chegar lá, vindo de Cássia, era preciso, provavelmente, atravessar uma ponte romana, da qual restam alguns vestígios arqueológicos. Trata-se de um lugar muito especial que, no tempo de Rita, dedicava-se ao cultivo da terra. O nome de Roccaporena se deve, com muita probabilidade, ao fato de ter no alto de um rochedo uma pequena fortificação. Toda aquela região da Úmbria, apesar de não ter saída para o mar, foi notável desde a Antiguidade, já que é uma região rica em rios, lagos, fontes e cascatas de água. Algumas de suas fontes, como as famosas de Clitunno, já foram cantadas por escritores como Virgílio, Propércio, Byron e Carducci, Nobel de literatura em 1906.

Tanto a Toscana como a Úmbria de Santa Rita são um conjunto de cidades medievais, magnificamente conservadas, de uma beleza inigualável, construídas como ninho de cegonhas no alto das colinas, que de noite parecem um presépio iluminado. E a seus pés se estendem os doces prados cortados por rios que descem das montanhas.

A história da região da Úmbria se perde nos anais do tempo e foi uma das regiões mais agitadas da Itália. De uma e outra margem do rio Tibre disputavam o território, desde a Antiguidade, os úmbrios e os etruscos, sempre em guerra entre si, como conta o geógrafo grego Estrabón, que morreu cerca do ano 20 depois de Cristo. Segundo ele, os povos disputavam o poder antes mesmo da chegada dos romanos. Foram no entanto os romanos, no ano 295 a.C., que acabaram com as disputas entre úmbrios e etruscos. E com o domínio romano a região da Úmbria teve um grande esplendor. Os úmbrios, inclusive sob a dominação romana, mantiveram sempre sua própria identidade e conseguiram um período de grande florescimento cultural e econômico. Favoreceu-lhes a passagem pela região da famosa estrada romana Flamínia, que lhes permitiu desenvolver o comércio e a exportação de seus produtos agrícolas. Porém foi durante a Idade Média que a Úmbria adquiriu sua maior identidade, até que passou, como quase toda a Itália, ao domínio dos Estados pontifícios.

O silêncio sobre sua vida

Voltando à pequena aldeia onde Rita nasceu, quando o bispo da vizinha cidade de Spoleto, monsenhor Carlo Giacinto Lascari, visitou o povoado de Roccaporena, a população, que nunca havia sido numerosa, estava reduzida a 140 habitantes, pertencentes a 24 famílias, segundo um documento do ano de 1712. O povoado possui até hoje a aparência de uma espécie de pirâmide e tudo dá a entender que antigamente lá devia haver uma torre provavelmente do tipo militar.

Os historiadores pensam que Roccaporena, a cinco quilômetros de Cássia, porém de difícil acesso, pode ter sido um lugar tranqüilo e meio esquecido, com uma certa prosperidade devido ao cultivo da terra e do gado, ainda que, como se verá pelas vicissitudes da família, também ali chegassem as vinganças e as mortes violentas.

De Rita não sabemos com exatidão a data de nascimento e da morte. Os historiadores modernos julgam ser 1381 uma das datas mais seguras para seu nascimento. Porém ainda assim se fala de 1457 ou 1447. Não sabemos com que idade se casou. Pode ter sido aos 14 anos. Ainda hoje é impossível saber se seu marido era um homem violento, que lhe tornou a vida impossível, ou, ao contrário, um homem maravilhoso, com o qual viveu feliz até que o assassinaram. Não se sabe quantos filhos teve, embora os historiadores se inclinem a afirmar que foram dois gêmeos que morreram jovens, porém não se sabe com que idade, nem de que morreram.

Tampouco se tem notícia da idade de Rita quando ingressou, já viúva, no convento de Maria Madalena, em Cássia, nem de que morreu perto já dos setenta anos. Tampouco sabemos se teve outros irmãos. Somente 150 anos depois de sua morte é que se começou a escrever algo sobre sua vida, com dados recolhidos de testemunhos de segunda mão — já que todos que a podiam ter conhecido tinham morrido. Ao contrário de outras santas, Rita não nos deixou nem uma linha escrita, fato que impossibilita saber ao certo o que ela pensava sobre muitas coisas da vida e da morte.

A todo esse silêncio sobre sua vida acrescenta-se que, se excetuarmos os escritos das atas de beatificação que se conservam no Vaticano, assim como as de canonização, com um espaço de tempo entre ambos os processos de 274 anos (1626-1900), tudo o que se escreveu sobre sua vida estava enquadrado nos clichês comuns às biografias dos santos daquele tempo. Relatos em tom apologético, sublimando todos os atos de sua vida e ocultando tudo o que pudesse ofuscar, aos olhos dos devotos, a imagem da santa, convertendo-a mais em anjo do que em mulher de carne e osso.

Capítulo III

Como Era Rita Fisicamente?

Graças a uma série de pinturas que se conservaram de Rita, algumas delas do ano mesmo de sua morte, como as que aparecem no sarcófago que recebeu seus restos mortais, podemos ter uma idéia de como era sua figura. Era de pequena estatura, cerca de 1m55, com um certo orgulho pessoal, de olhos castanhos, lábios voluntariosos e um toque de simpática rebeldia em todo seu porte. Revelava também muita dignidade de temperamento.

Ainda que a maioria das pinturas de Rita se referisse a seu período de religiosa no convento de Santa Maria Madalena, onde se consagrou como monja de clausura professando os votos de pobreza, castidade e obediência, restou uma do período imediatamente anterior à sua entrada no monastério, recém-viúva, mais ou menos aos trinta anos. É um afresco do final do século XV, conservado na Igreja de São Francisco, em Cássia. Rita aparece retratada de pé, como uma jovem atraente, embora recatada, com expressão quase infantil, o olhar perdido no infinito, as mãos juntas em posição de oração, das quais pende um rosário da época. Embora o afresco esteja um tanto deteriorado, percebe-se perfeitamente sua figura. É uma mulher mais para magra, vestida de escuro, como era usual nas viúvas daquele tempo, e a cabeça coberta com um véu branco.

Examinando essa figura, os diferentes biógrafos a descreveram como "viúva vistosa", "simpática e atraente", "de expressão ingênua". Na verdade, o que vemos é uma mulher atraente e que possui ao mesmo tempo uma postura de ternura e dignidade. E o importante é que esse retrato de quando era jovem coincide em muitos traços com a figura que aparece no caixão da morta, em 1457, quando o pintor deve tê-la conhecido em vida, portanto sendo considerado o mais autêntico. Naturalmente, é a pintura de uma mulher com mais de quarenta anos. Afinal, não aparece como a anciã da época de sua morte com quase setenta anos.

De olhar expressivo e contemplativo

O rosto de Rita, em cuja fronte, um pouco para o lado esquerdo, aparece já desenhada a ferida produzida por um espinho misterioso de seu estigma, é o de uma mulher madura, altaneira, de nariz aquilino, lábios carnudos, queixo fino e, como na pintura de quando era jovem viúva, o olhar como que perdido na distância. Olhar expressivo e contemplativo. E ao mesmo tempo, sem que pareça irreverente, há no rosto e no olhar de Rita um quê de mulher consciente da força da sedução feminina. Observando seus retratos pictóricos, não estranha que gozasse de uma especial força de persuasão e de convicção pessoal, inclusive diante das pessoas mais difíceis e irredutíveis. Explica-se assim sua inclinação para a vocação de "pacificadora", através do diálogo.

Curiosamente, as imagens de Rita mais antigas são as mais interessantes, provavelmente as mais fiéis ao original. Nelas, Rita surge mais mulher que nas posteriores, nas quais, pouco a pouco, seu rosto foi sendo transformado até parecer-se mais com os estereótipos de santas e virgens. Tanto no afresco do século XV como na pintura do sarcófago, Rita aparece com mais personalidade, menos espiritualizada, embora com grande força interior. Na pintura do sarcófago, como escreve Agostino Trapé, Rita aparece como uma "mulher forte, inteligente, suave, sorridente e, ao mesmo tempo, aguda, luminosa, consciente de sua força interior de amor".

É uma pena que não tenha chegado até nós uma tela que foi examinada pela comissão do processo de beatificação e que representava seis episódios da vida da santa. Sendo muito antiga, de pouco depois de sua morte, a imagem de Rita devia ser muito interessante.

Uma mulher com grande personalidade

A comissão do processo deixou uma descrição dos fatos narrados naquelas seis pinturas, mas não a descrição de seu rosto. As cenas eram as seguintes: Rita no berço com as abelhas brancas revoluteando sobre seu rosto, de acordo com a antiga tradição do primeiro prodígio de Rita menina; na porta do monastério, no qual ia ingressar como religiosa; já dentro do convento, de joelhos, com o hábito das madres agostinianas e as outras companheiras em pé, uma delas lhe colocando a mão sobre a cabeça; de joelhos diante de uma imagem de Cristo, com o rosário nas mãos, diante de seus olhos um livro aberto e em sua fronte a chaga do estigma; Rita morta, com dois personagens de joelhos diante de seu cadáver, um deles lhe beijando as mãos, e seis mulheres em pé que a invocam com as mãos juntas em gesto de prece. Infelizmente os comissários não conseguiram ler o que estava escrito aos pés da pintura. Por último a santa já dentro do féretro, com as mãos postas, com uma inscrição que já era, então, ilegível.

Os notários que examinaram aquele importante documento histórico, muito antigo, seguramente de um pintor contemporâneo da santa, hoje desaparecido, não fazem a mínima alusão aos traços físicos do rosto de Rita. Não lhes interessava aquele aspecto tão humano. No fundo, tampouco os evangelistas nos contam um só detalhe dos traços físicos de Jesus ou de Maria, sua mãe, em nenhum dos documentos nos quais narram suas vidas. Antigamente, dos santos interessava só o retrato espiritual, a fotografia da alma, não a do corpo.

De Rita, através das pinturas que chegaram até nós, se pode observar que a força de sua alma se refletia com muita evidência pelos traços de inegável beleza e simpatia de seu rosto. Devia ter sido, sem dúvida, uma mulher interessante, além de uma grande santa. E sobretudo uma mulher com forte personalidade. Uma mulher que devia falar mais com o olhar penetrante e misterioso, como aparece nas pinturas, do que com as palavras, e dessas nada se conservou, nem uma só delas. Por isso ela é chamada também "a santa do silêncio". Um silêncio, no entanto, que foi capaz de fecundar positivamente toda sua vida.

Capítulo IV

Vida de Santo e Seus Clichês

Com as vidas dos santos, chamadas hagiografias, ocorre algo muito curioso. Têm todas elas, sobretudo no passado, antes que esse gênero começasse a fazer parte da literatura moderna, um modelo único, quase pré-fabricado, que faz com que todas essas biografias sigam uma mesma diretriz. Geralmente se adaptam ao clichê exigido pela Igreja para conseguir a beatificação ou a canonização. Roma exige certas condições para poder declarar santo ou santa uma determinada pessoa, como por exemplo certas virtudes em grau heróico, ou a ausência de certos defeitos. Os autores antigos das vidas dos santos seguiram ao pé da letra os escritos preparados para enviar ao processo de Roma. Costumam ser as atas do processo de beatificação, preparadas geralmente para exaltar ao máximo as coisas positivas do candidato e ocultar possíveis aspectos negativos. É algo parecido com o que faz um advogado que tem de defender um de seus clientes.

Com Santa Rita, que pertence aos santos antigos, os da Idade Média, separando-nos dela mais de seiscentos anos, quando ainda vigoravam aqueles esquemas estereotipados de santidade, ocorreu o mesmo. Daí a dificuldade em se conhecer com correção histórica sua própria vida, sobretudo os detalhes mais humanos, seus possíveis defeitos, seus problemas, suas crises, espirituais ou psicológicas, sua verdadeira vida, em definitivo. Isso, no entanto, não impede que possamos intuir que devia ser uma mulher extraordinária, que cativou com sua vida a gente de seu tempo e que sua memória se manteve viva, ainda que ninguém escrevesse nem uma linha sobre ela até cerca de cem anos depois de sua morte.

Tão consciente esteve sempre a Igreja de que os documentos históricos para pedir a abertura de um processo de beatificação estavam de alguma forma "exagerados" no que se referia às qualidades do candidato, ocultando todos os aspectos negativos que, dentro deste processo jurídico e teológico, existiu sempre – e continua existindo – o que se chamava de "o advogado do diabo", hoje chamado "promotor". Trata-se da pessoa encarregada de colocar objeções à vida de santidade do futuro beato. É alguém considerado antipático, já que tem como obrigação recolher todas as coisas negativas que se possam encontrar contra o candidato à santidade, seja analisando as possíveis objeções que lhe cheguem de fora, uma vez aberto o processo, ou buscando ele mesmo indícios que apontem para pontos obscuros em sua vida.

Hoje, com os modernos meios de comunicação, é mais fácil ao advogado do diabo conseguir o material que possa comprometer o êxito positivo do processo, já que as pessoas, tendo conhecimento da abertura de um processo de beatificação, podem dirigir-se rapidamente à Santa Sede, colocando objeções por internet, telefone, fax, etc. É o que ocorreu em 1992, por motivo dos quatrocentos anos do "descobrimento" da América por obra de Cristóvão Colombo, cuja expedição foi financiada pelos reis católicos da Espanha, Fernando e Isabel. O papa João Paulo II mostrou-se interessado em abrir o processo de beatificação do casamento dos reis católicos, considerando que eles haviam favorecido a cristianização do novo continente latino-americano.

Houve então um firme protesto tanto nos ambientes mais progressistas da Espanha como nos da América Latina, já que os reis católicos foram considerados os responsáveis por acabar com a paz que existia na

Espanha entre as três grandes religiões: cristãos, judeus e muçulmanos, que conviveram muito tempo sem problemas. Isabel e Fernando quebraram aquela unidade com o decreto de expulsão de judeus e muçulmanos, com tudo o que aquilo implicou de dor, morte e perseguição contra milhões de pessoas sacrificadas para conseguir a chamada "unidade da Espanha" através da única fé católica. Provavelmente, em tempos anteriores à imprensa, rádio, televisão e internet, Isabel e Fernando teriam sido canonizados em paz como tantos outros reis da história, cuja vida de santidade a mesma Igreja chegou a pôr em dúvida em mais de uma ocasião.

No caso de Rita, provavelmente não houve objeções a seu processo de beatificação porque então as pessoas lhe prestavam devoção, convencidas de que ela fazia milagres. Sua vida já havia sido mitificada. Todo o material enviado a Roma, mais o recolhido pelos emissários do Vaticano a seu povoado de Roccaporena, foi sem dúvida positivo. Fundamentalmente, está contido no material enviado pelas monjas agostinianas ao papa, pedindo a beatificação de sua antiga companheira de convento. É provável que o relato da vida de Rita não tenha sido escrito pelas monjas, mas sim por algum padre agostiniano de um dos conventos de Cássia. Trata-se da primeira biografia da santa, escrita por Agostino Cavalucci, intitulada *Vita della beata Rita de Cascia, dell'Ordine di Sant'Agostino* (Siena, 1610), ou seja, 163 anos depois da morte de Rita.

Essa biografia, recolhida pelas atas de beatificação, com todos os seus clichês inspirou ao longo dos séculos, e quase até hoje, a maioria das obras escritas sobre a santa de Cássia. Tanto a linguagem, sobretudo a adjetivação usada pelo primeiro biógrafo, como a maneira como é contada sua vida refletem o que havíamos dito das antigas hagiografias: tudo positivo, nenhum aspecto negativo nem crítico e baseado no que Roma queria e esperava da vida de um candidato à santidade.

O que se tem dito sobre sua vida

Eis aqui esquematizado o que de Rita se tem escrito quase sempre, seguindo os vestígios dessa primeira biografia: nunca houve castelo mais afortunado que o da aldeia de Roccaporena, já que "ali nasceu a louvada beata Rita que, com a santidade dos costumes, bastava por si só para tornar ilustre não só sua pequena terra como também uma província inteira". Rita nasceu, pois, de "pais pobres, porém devotos". Sua infância transcorreu, diz-se, "com especial inocência e pureza, totalmente dedicada à oração e à piedade, renunciando às tentações do mundo para gozar já na vida presente das delícias celestiais". Portanto, uma infância irreal, angelical, fora do mundo e da realidade.

Com esses pressupostos não é de estranhar, como disse o biógrafo, que, já desde muito menina, Rita tenha lutado para conseguir de seus pais permissão para consagrar-se totalmente a Deus, embora tenha sido obrigada por eles a casar-se. Como o fato de que se casou é histórico e não era possível negá-lo, era preciso configurar seu matrimônio de forma que figurasse claramente a santidade de Rita. E assim os biógrafos, desde Cavalucci, afirmam que o marido era "repleto de maus hábitos", e acrescentam que ele demonstrava "insolência e orgulho". Mais tarde chegou-se a afirmar que o marido era violento e maltratava sua mulher. Mas Rita, em sua santidade, se opunha àqueles vícios do marido e assim se diz que acabou "convertendo-o", embora não de todo, já que ele "acabou miseravelmente seus dias com morte violenta". É verdade que morreu assassinado, porém, como já veremos, não porque fosse violento e dissoluto. A biografia afirma que "a santa viúva, afligida pela atrocidade de tão duro acontecimento", o assassinato de seu marido, "armada de constância invencível, com assíduas e inflamadas orações, pedia a Deus o perdão para os carrascos do marido". Fica clara a contraposição entre o marido mau e violento, que recebe como castigo uma morte brutal, e a bondade da santa que pede a Deus o perdão para os criminosos.

Nada dizem as biografias de sua vida de casada e menos ainda de sua vida de noiva, de seus problemas como adolescente, etc. Fala-se só que teve dois filhos. Deles não se diz nada, nem seus nomes, nem se houve outros. Para os modelos de santidade feminina daquele tempo, já era muito que Rita tivesse se casado, tido relações sexuais normais, filhos, etc. As biografias não se detêm nesses aspectos demasiado humanos e passam logo para sua vida como religiosa no convento, pois era isso que se esperava de uma mulher virtuosa que aspirava à santidade. Antes, no entanto, destacam um traço que põe ainda mais em relevo a santidade de Rita: por medo de que seus filhos, ao crescer, pudessem sucumbir à tentação de vingar a memória do pai convertendo-se em assassinos, ela pede a Deus algo terrível: que os leve ainda jovens. "Movida por uma força inaudita de caridade e zelo", diz o biógrafo, "suplicou com fervorosas orações a sua Divina Majestade que se dignasse a levar seus filhos." E como era de se esperar, "a Divina Bondade aceitou o holocausto que Rita lhe oferecia do fruto mesmo de seu ventre". Porém, em seguida, revela-se a verdadeira finalidade que, segundo o biógrafo, tinha aquele holocausto dos filhos. Afirma-se que, mortos os dois filhos muito jovens, "Deus não só liberou sua serva dos cuidados que a afligiam, como também, separando-a do amor das criaturas, lhe deixou lugar para voltar todo seu afeto ao Criador".

Foi tão importante ter sido monja?

É interessante, analisando a linguagem do tempo, observar como todo o esquema de santidade consistia em "separar-se das criaturas", consideradas estas como algo mau e negativo, que afastam do verdadeiro amor a

Deus, ainda que se trate de algo tão maravilhoso como o próprio esposo ou os próprios filhos. A única coisa que tinha valor era consagrar a vida a Deus.

A biografia segue dizendo que, "sentindo-se então livre", o que pressupõe que enquanto vivia para seu marido ou para os filhos era escrava, "ofertou-se a Deus". O que também dá a entender que uma mulher só pode oferecer-se a Deus, amá-lo e adorá-lo quando está livre de afetos humanos e terrenos, como se a vida normal, a que se desenvolve na família, com suas tristezas e suas alegrias, suas lutas e suas vitórias, não pudesse ser objeto de oferecimento devoto a Deus. A idéia de que o mundo é a escravidão e o convento a liberdade e de que, na maioria dos casos, a vida das pessoas não oferece oportunidade de se servir dignamente a Deus e ao próximo, deduz-se das palavras do biógrafo quando ele diz: "Desejosa de livrar-se do dilúvio do mundo para voar e repousar na arca, Rita pediu com grande fervor e humildade para entrar no monastério de Santa Maria Madale-na de Cássia."

E aqui a história segue conforme manda o figurino. Rita, que de alguma forma se havia manchado vivendo a vida normal das pessoas em vez de ter ingressado desde menina no convento, recebe o castigo de ser rechaçada. "Foi excluída porque sendo costume do monastério que só fossem aceitas as virgens, não era possível que as monjas recebessem uma viúva", diz o biógrafo. Historicamente, essa informação não procede, uma vez que há registros de monjas casadas, às quais era permitido abandonar o marido.

Porém no esquema traçado para a biografia de Rita, se ela era santa, Deus não podia deixar de escutar seu desejo de entrar no convento e nasce assim a lenda do milagre, segundo a qual apareceram para Rita seus três grandes santos de devoção: São João Batista, Santo Agostinho e São Nicolas de Tolentino, os quais lhe abrem milagrosamente, de noite, as portas do convento. Pela manhã as monjas encontram-na dentro dele – mesmo estando as portas cerradas. Visto como um sinal de Deus, as monjas aceitaram Rita, que tomou os hábitos e fez os votos como religiosa. Como veremos mais adiante, as coisas foram mais simples que tudo isso.

Uma vez no convento, a futura santa não podia ser como as demais monjas. Tinha que se sobressair, não só "pela inocência e pela piedade", mas também por algo extraordinário. E aparece assim a história da chaga na fronte de Rita, considerada como uma participação das dores da Coroa de Espinhos que colocaram na cabeça de Jesus a caminho do calvário. O que houve de verdade nisso?

Não se quis dizer de que Rita morreu

Rita, já anciã para sua época, pois tinha cerca de setenta anos, cai enferma de um mal que permaneceu incógnito, o que dava a entender que se tratava de algo misterioso e divino, uma prova da força de vontade de Deus. Na realidade, poderia ter sido lepra, que naquele momento dizimava as famílias.

Até mesmo a morte de Rita tinha de estar rodeada de signos sobrenaturais. De modo que o biógrafo conta que lhe apareceram o Redentor e sua Mãe Santíssima, e assim, com "o corpo consumido pelos jejuns e pelas penitências", Rita entregou sua alma ao Senhor, e milagrosamente todos os sinos das numerosas igrejas da cidade começaram a repicar sozinhos.

Como na linha de santidade daquele tempo eram importantes as penitências corporais, o biógrafo chega a anotar que a futura santa "se açoitava três vezes ao dia até verter sangue" e que "maltratava seu corpo com jejuns extraordinários, fazendo três retiros ao ano". Para lutar contra as tentações do demônio, que lhe aparecia em forma de homem, "mantinha sempre as coxas cingidas com um áspero cilício de pêlos de porco feito com suas próprias mãos". Diz também o biógrafo que, quando tinha tentações de "caráter sensual", queimava um dedo ou colocava um pé nas chamas "até sentir que aquele fogo havia extinguido a chama impura da concupiscência".

Como último dado "do pouco valor que Rita atribuía a seu corpo", diz-se na biografia mais antiga da santa que "uma vez vestida como monja nunca mais mudou de hábito e com ele santamente morreu". Note-se que Rita viveu quarenta anos no convento.

Na realidade, se examinarmos as vidas dos santos daquela época, poderemos observar que a maior parte das ditas biografias segue o mesmo esquema da de Rita, pois assim se concebia a santidade, mesclada de prodígios, penitências e orações, dando-se pouca importância à vida real, humana, concreta, dos referidos santos ou santas. Daí a dificuldade encontrada pelos modernos historiadores em reconstruir, pelo menos em parte, a verdade histórica desses personagens que, sem dúvida, foram seres excepcionais, uma vez que sua memória ficou tão impressa e se conservou durante séculos, mesmo que muito provavelmente suas vidas reais tivessem sido bem diferentes da forma como foram contadas. Embora em muitos casos — como no de Rita — haja dificuldade em se obter dados concretos das vidas em questão, devemos manter em mente que as informações perpetuadas por esses primeiros biógrafos correspondem antes à necessidade de se apresentar à Igreja a futura santa dentro de um determinado molde de santidade. Repleto de clichês, este modelo certamente não possui nenhum compromisso com a verdade.

Capítulo V

Como se Fabrica um Santo

Os que se interessam pela vida dos santos têm ouvido falar, sem dúvida, de *beatificações* e *canonizações*, porém não sabem muito mais a respeito. Pelo menos, o grande público. Esse longo processo através do qual uma pessoa chega à "glória dos altares", ou seja, à proclamação oficial e solene por parte da Igreja Católica da santidade de um cristão, costuma ser chamado, na linguagem jornalística, "a fábrica dos santos". Também nossa Rita de Cássia passou pelas forças caudinas desse complexo e, às vezes, longo processo inquisitorial da Congregação dos Santos. Sua beatificação teve lugar em Roma, em 16 de julho de 1628, por obra do papa Urbano VIII, portanto 247 anos depois de sua morte. O processo de canonização começou no dia 3 de agosto de 1737 e foi interrompido várias vezes. Completou-o o papa Leão XIII, a 24 de maio de 1900, ou seja, 163 anos mais tarde. Foi a primeira canonização do novo século que começava.

O processo que conduz à proclamação pública dos santos teve na Igreja um caminho longo, complexo e polêmico. Não se pode esquecer que o cristianismo nasce como uma derivação do judaísmo. E no judaísmo não existiam santos. Nas sinagogas judaicas, nas quais Jesus pregava, não se veneravam, nem se veneram ainda hoje, imagens de nenhum tipo.

Os judeus não tinham nem imagem de Deus, ou sequer pronunciavam seu nome.

Com o cristianismo começam a mudar as coisas. Na catacumba de Priscila de Roma, se encontra a primeira pintura da Virgem Maria com o filho nos braços e outra da última ceia celebrada por Jesus com seus discípulos. Os santos começaram a surgir mais tarde. Num primeiro momento, as primeiras comunidades cristãs adoravam os crentes que haviam padecido o martírio por defender sua fé. Em seguida, começaram a ser reconhecidos como dignos de exemplo os que, ainda sem ter padecido o martírio, haviam-se distinguido por uma vida na qual tinham praticado de modo heróico as virtudes teologais de fé, esperança e caridade.

No princípio, os que declaravam alguém santo eram os próprios cristãos

No entanto, no princípio, quem elegia como santo um cristão depois de sua morte eram os próprios fiéis, as comunidades cristãs que, espontaneamente, começavam a oferecer-lhe culto, a pedir graças a Deus por sua intercessão, a criar pinturas e imagens deles e a construir-lhes templos e igrejas. Porém isso durou pouco. Em seguida, os bispos, temendo abusos, passaram a controlar a proclamação dos santos. Só o bispo tinha o poder de proclamar santo um cristão morto "com fama de santidade" e de propô-lo como exemplo a ser seguido por toda a comunidade.

Essa prática durou até o século X e, em geral, a única coisa que os bispos faziam era corroborar um culto iniciado sempre pelos fiéis que começavam a rezar para alguém que, após haver falecido, era considerado por eles como santo. A partir de 1234, nem sequer os bispos tinham o privilégio ou o poder de nomear santos. O referido poder passou ao papa em pessoa. Cada vez o cerco se fechava mais e a participação dos fiéis no processo de canonização ficava mais distante. Tudo foi se burocratizando, chegando-se ao ponto de que, ainda hoje, um dos requisitos para se abrir um processo de beatificação é que o candidato à santidade não tenha recebido antes um culto por parte dos fiéis. O contrário do que ocorria no princípio do cristianismo, quando o culto espontâneo dos cristãos era o que sancionava a condição de santidade de um membro da comunidade.

Em 1588, o papa Sixto V criou a Sagrada Congregação de Ritos, uma espécie de ministério encarregado de todos os problemas litúrgicos e também das canonizações dos santos. Somente a dita congregação, com sede no Vaticano, tinha o poder de apresentar à assinatura do papa a decisão de fazer alguém santo. Em 1917, o processo aparece já no Código de Direito Canônico, e a partir de 1969 o Vaticano cria uma nova Congregação Romana, dedicada exclusivamente às causas dos santos e desmembrada da Congregação dos Ritos. Por fim, em 1983, com a reforma do Direito Canônico, João Paulo II faz uma nova revisão dos processos de beatificação e de canonização através da Constituição Apostólica *Divinus perfectionis Magister*, vigente ainda hoje.

Ainda que se tenha atribuído ao papa Urbano VIII, com seu famoso decreto de 5 de julho de 1634 *Coelestis Hierusalem,* ter concedido ao pontífice a exclusividade de declarar publicamente a santidade de alguém, na realidade as primeiras canonizações papais começaram no ano de 1234, com Gregório IX, que decretou: *sine papae licentia non licet aliquem venerari pro sancto* (C.I.X, III, 45). No entanto, a primeira canonização historicamente reconhecida foi a de Ulrico, bispo de Augusta (893-973), realizada pelo papa João XV, no dia 31 de janeiro do ano de 993, durante o sínodo celebrado no Laterano.

O que quer dizer que alguém é beato ou santo?

Mas o que significa o fato de a Igreja proclamar alguém beato ou santo? Antes é preciso lembrar que existe uma etapa anterior, na qual o papa declara que o candidato praticou de forma heróica as três virtudes teologais de fé, esperança e caridade. Então o proclama "Venerável", primeiro passo no longo caminho até a santificação definitiva. Quer dizer que a Igreja declara infalivelmente que o referido santo já está no céu? Segundo os teólogos, com o primeiro passo da beatificação – que antes se caracterizava pela constatação de dois milagres realizados por intercessão do santo e aprovados pela Igreja, agora, depois do papa Wojtyla, exigindo-se apenas um –, o que se pretende indicar é que aquela pessoa "se salvou" e portanto não foi para o inferno. A dúvida, em algumas discussões teológicas do passado, era se o referido santo apresentado como exemplo público à cristandade já estaria fisicamente no céu ou se estaria ainda no purgatório. Costumam dizer os teólogos que com a canonização o papa sanciona de forma solene, infalível e definitiva que o santo já goza da visão beatífica, ou seja, que está no céu.

Por isso se exige para a canonização outro novo milagre além do da beatificação. E com a beatificação? Quando eu estudava teologia na Pontifícia Universidade Gregoriana dos Jesuítas em Roma, dizia-se que o que indicava a beatificação é que a referida pessoa beatificada "não se tinha condenado", mas que, hipoteticamente, ainda poderia estar purificando-se no purgatório.

Como se vê, o processo de santificação, que nas origens do cristianismo era bastante simples, já que eram as pessoas que começavam a considerar uma pessoa santa e exemplar – às vezes, mesmo antes de sua morte, como no caso específico de Santa Rita –, acabou emaranhando-se nas redes da burocracia romana. Converteu-se num autêntico processo de primeiro e segundo grau, igual às causas dos tribunais civis.

Os critérios formais, emitidos pelo papa, para declarar alguém santo, começaram já no século V e eram os seguintes: fama pública de santidade; exemplo de vida como modelo de virtude heróica e poder de obrar milagres sobre sua tumba ou através de suas relíquias. Eram ainda critérios genéricos, já que os mais concretos, como o número de milagres que o candidato a santo devia ter realizado primeiro para a beatificação e depois para a canonização, só surgiram com a criação da Congregação de Ritos e da Sagrada Congregação para a Causa dos Santos. Esta nova congregação fica sendo presidida por um cardeal eleito pelo papa, acompanhado por certo número de cardeais membros e sete bispos diocesanos.

Os mártires não necessitam fazer milagres

Como já dissemos, o processo de santificação em suas duas fases foi se configurando como um juízo. De fato se fala que é *ad modum iudicii* e é realizado por três departamentos diferentes: o judiciário, conduzido pelo secretário e subsecretário da congregação; o dirigido pelo chamado promotor da fé, uma espécie de fiscal; e por último o histórico, dirigido pelo relator-geral, que conta com vários assistentes.

Antes da Reforma, os tribunais que davam partida a um processo de beatificação residiam sempre em Roma. Agora, os bispos das diversas dioceses estão autorizados a criar eles mesmos os tribunais regionais ou nacionais, cujos resultados são enviados à Santa Sede, para um estudo ulterior e definitivo. Qualquer processo de beatificação tem de ser iniciado em nível diocesano e deve ser aprovado por Roma. Só quando o Vaticano, analisado o material enviado por uma diocese, decide dar sinal verde ao processo é que começa o chamado "Processo Apostólico", mais rigoroso, compreendendo aspectos históricos, teológicos e científicos. Acabado o processo positivamente, o papa declara a "heroicidade das virtudes" e o candidato recebe o título de Venerável. A partir daí se empreende o caminho até a beatificação.

Hoje, para passar ao processo de beatificação é preciso demonstrar que o candidato à santidade realizou um milagre, depois de sua morte, para alguém que o pediu a Deus por sua intercessão. O presumido milagre passa por um processo canônico especial de instrução primária, que inclui tanto o parecer de um comitê de médicos (alguns deles podem ser não crentes) e de teólogos. Os mártires não necessitam de milagres porque considera-se que eles selaram sua santidade com o próprio sangue em defesa da fé. Neste aspecto, existe uma exceção curiosa e interessante. O papa Wojtyla eximiu do milagre requerido o religioso polonês padre Maximiliano Kholbe, que morreu no campo de concentração nazista de Auchwitz. O padre Kholbe não foi um mártir, segundo os critérios canônicos da Igreja, já que ele não foi morto por defender sua fé. Aconteceu o seguinte: naquele campo nazista, quando alguém escapava de um barracão, punham em fila todos os que estavam nele e, mediante sorteio, eram levados um a um para a "cela da morte" — uma pocilga onde cabiam apenas dez pessoas em pé, nuas, e que tinha uma janelinha como respiradouro para que ninguém morresse por asfixia. Tinham de morrer de fome.

Em um daqueles sorteios da morte, estava entre os presos o sacerdote religioso franciscano padre Maximiliano Kholbe. Um companheiro que estava ao seu lado na fila foi tocado por essa terrível sorte e se pôs a chorar e gritar alegando que era pai de cinco filhos e que não queria morrer. Então, o padre Kholbe dirigiu-se ao responsável pelo sorteio e se ofereceu voluntariamente para substituir o pai de família, dizendo que ele, como religioso, não deixava ninguém no mundo. Aceitaram seu oferecimento e ele foi conduzido à cela da morte. Ali, o religioso animou seus companheiros de pena a não maldizer, e sim a rezar e cantar para Deus. Cada vez que um morria, o substituíam por outro vivo. Quase todos resistiam um certo número de dias antes de morrer de fome. Mas o padre Kholbe, a quem os verdugos ouviam cantar, não morria. Resistia mais que seus companheiros. Seus algozes, cansados já de seus cantos e rezas, acabaram com sua vida com uma injeção letal.

Em sua primeira viagem à Polônia, o papa Wojtyla quis visitar aquele campo de concentração. À porta da cela da morte, convertida hoje em uma espécie de museu dos instrumentos de tortura usados pelos nazistas, esperava-o, com um ramo de rosas vermelhas na mão, o velho pai de família que Kholbe salvara. O papa desceu com ele até aquela cela de horríveis vibrações e juntos, de joelhos, fizeram uma oração. Eu estive presente e foi um dos momentos que mais me impressionaram das sessenta viagens realizadas com o papa João Paulo II ao redor do mundo como correspondente em Roma do jornal *El País*, de Madri.

Mais tarde, João Paulo II decidiu canonizar o padre Kholbe sem exigir em seu processo que houvesse realizado milagre algum, considerando-o "mártir da caridade", uma categoria nova de martírio criada pelo papa polonês em substituição à de "mártir da fé", algo sobre o que ainda hoje discutem os teólogos.

Com a declaração de beato, a Igreja permite já o culto público e oficial daquela pessoa, embora ainda de um modo limitado: só dentro de sua diocese, congregação ou ordem, caso se trate de um religioso ou religiosa. Em geral, sua festa se dá no dia de sua morte, momento que o papa considera como o novo nascimento. Para Santa Rita, foi escolhido o 22 de maio, já que se supõe que ela tenha morrido nessa data do ano de 1447.

O papa, ao canonizar um santo, é infalível?

O dia da canonização de um santo costuma ser celebrado na praça de São Pedro, com a participação de numerosos bispos, cardeais e milhares de devotos de todo o mundo que vão a Roma. O papa pronuncia-se com impressionante solenidade, o que demonstra toda a força de sua infalibilidade ao declarar que o novo santo já está gozando da visão celeste. É o exercício de infalibilidade que as igrejas protestantes contestam ao papa de Roma. Nesse momento, aparece no balcão central da basílica uma pintura do novo canonizado.

A solene fórmula que revela a infalibilidade do papa é a seguinte:

Para tributar honra à Santíssima Trindade, para a exaltação da fé católica e para incrementar a vida cristã, e com a autoridade de Nosso Senhor Jesus Cristo, dos Santos Apóstolos Pedro e Paulo, e com a autoridade Nossa, depois de haver meditado detidamente, de haver invocado repetidamente a ajuda divina e de haver escutado o parecer de numerosos Irmãos nossos no Episcopado, declaramos e definimos SANTO o beato (X), incluímos seu nome no Catálogo dos santos e prescrevemos que seja honrado como santo em toda a Igreja.

Nesse momento, os fiéis congregados na praça de São Pedro prorrompem em um grande aplauso.

Quantos santos tem a Igreja Católica? Em realidade, para a Igreja, todo cristão que morre na graça de Deus, vale dizer não em estado de pecado mortal, é santo, merece a visão do céu, ainda que às vezes tenha que passar antes pelo purgatório, um lugar de purificação. Os teólogos o explicam com o seguinte exemplo: é como se alguém fosse convidado a comer na mesa do rei e ao chegar notassem que estava sujo. Obrigá-lo-iam antes a tomar um banho. Isto seria o purgatório, embora já existam teólogos modernos que questionam sua existência, que tem pouco fundamento bíblico. Pensam que um dia a Igreja poderia eliminá-lo, assim como João Paulo II eliminou, por exemplo, o limbo dos justos, o lugar para o qual, segundo a doutrina tradicional da Igreja, iam as crianças que morriam sem serem batizadas. Um lugar onde nem sofriam, nem gozavam. Não podiam sofrer porque ainda não haviam pecado pessoalmente, porém tampouco podiam gozar da visão de Deus, porque não tinham sido purificadas, conservando o pecado original por não terem recebido o batismo.

No último catecismo da Igreja Universal, aprovado pelo papa Wojtyla, o limbo desapareceu, sem que fossem dadas explicações. Alguns cogitaram que o papa polonês o tenha eliminado porque teve uma irmã que nasceu morta e não pôde ser batizada, nem depositados seus restos mortais no túmulo comum que ele, já papa, fez construir para reunir toda a família. Wojtyla pode ter pensado que não era justo que a irmã de um papa deixasse de gozar o céu permanecendo no limbo por toda a eternidade.

A Igreja considera, pois, que podem existir milhões de santos anônimos que não foram canonizados, mas que estão gozando igualmente as graças de Deus por terem morrido em estado de graça. Por isto instituiu a Festa de Todos os Santos em 1º de novembro de cada ano. Seria muito grave para a Igreja se em mais de dois mil anos de história apenas os santos canonizados estivessem salvos e no céu. Do início das canonizações até 1588 existiam apenas 296 santos e 808 beatos. Hoje, graças ao grande empurrão que o papa João Paulo II tem dado às canonizações e beatificações, este número chega a 772 santos e 2.118 beatos. Se a Igreja contasse apenas com esse leque de cristãos exemplares, teria fracassado.

O papa Wojtyla canonizou mais santos que em toda a história da Igreja

Talvez dando-se conta disso, João Paulo II converteu-se no papa das canonizações. Beatificou e canonizou mais que todos os seus antecessores juntos. Para poder fazê-lo, reduziu os milagres necessários a um só, chegando a dispensá-lo, em algumas circunstâncias. Também acelerou consideravelmente o tempo dos processos de beatificação e canonização. Enquanto para os santos de antes exigia-se um período de até mais de cem anos entre a morte e a abertura do processo, e outros tantos desde a beatificação até a canonização, como foi o caso de Santa Rita, o papa Wojtyla canonizou vários de seus contemporâneos, tais como: madre Teresa de Calcutá; padre Pio de Pietralcina, que havia profetizado que ele seria papa; monsenhor José Maria Escrivá de Balaguer, o moderno fundador do Opus Dei.

João Paulo II canonizou, além de tudo, santos provenientes de todos os ambientes sociais, ao contrário de seus predecessores que, praticamente, só canonizavam religiosos e religiosas. João Paulo II quis que todas as categorias e profissões pudessem ter um santo próprio e se possível, cada nação e cada cidade. Até buscou um patrono para os doentes de AIDS ao canonizar o sacerdote italiano, o médico Luigi Scrosoppi, que viveu entre 1804 e 1884. Proposto como patrono dos soropositivos, seu primeiro milagre foi justamente a cura de um enfermo que sofria desse mal, o jovem Peter Chaugu Shitima, de 27 anos, nascido na Zâmbia, que assistiu à canonização na praça de São Pedro e cuja cura foi testemunhada por médicos sul-africanos especialistas na doença.

Até a hora de escrever este livro, João Paulo II havia realizado 476 canonizações, dessas, quatrocentos mártires, e 1.310 beatificações, das quais 1.019 eram também mártires. E abriu mais dois mil processos de beatificações e canonizações. Num determinado momento, o papa Wojtyla começou a ser criticado, inclusive em alguns segmentos da Igreja, por essa excessiva produção de santos e beatos. A esses críticos respondeu ele mesmo com estas palavras: "Ouve-se, às vezes, que atualmente são muitas as beatificações, mas é que, além de ser um reflexo da realidade, correspondem ao desejo exigente do Concílio Vaticano II." E acrescentou: "Dou graças a Deus que me concedeu beatificar e canonizar tantos cristãos, entre eles muitos laicos, que foram santificados nas situações mais ordinárias da vida."

Canonizar um santo é muito caro

João Paulo II justificou também o fato de que ele havia feito mais santos do que se fizera em toda a história de seus antecessores dizendo que isso "revela manifestamente a vitalidade das Igrejas locais". Segundo o papa Wojtyla, "a verdadeira história da humanidade se identifica com a história da santidade, já que os santos e beatos se apresentam como testemunhas (...), e que a santidade não é um ideal teórico mas sim prático".

No entanto, a Igreja mais crítica, começando pela da Teologia da Libertação, questiona o fato de que a maioria dos santos canonizados pertence a uma mesma linha, geralmente conservadora, e que o papa Wojtyla não tenha canonizado praticamente nenhum santo dos considerados progressistas ou sociais. Por exemplo, ainda nem foi aberto o processo de beatificação de Oscar Romero, o mártir de El Salvador, que foi assassinado a tiros pelos esquadrões da morte enquanto celebrava missa. Oscar Romero era um bispo que defendia os mais pobres e humildes.

Um dos problemas na hora de abrir um processo de beatificação é que se trata de um processo muito caro do ponto de vista econômico, a ponto de ser inviável para uma família comum que quisesse tentar beatificar alguém. Por isso, a maioria dos santos e beatos pertence ou a uma diocese, que se encarrega dos gastos, ou a uma ordem, ou congregação religiosa que, institucionalmente, podem arcar com os custos. Mesmo o processo de Santa Rita ficou parado quase cem anos porque Roma calculou que seriam necessários cerca de mil escudos da época. Só quando a Ordem dos Agostinianos decidiu fazer frente aos gastos, é que o processo voltou a ser encaminhado.

Porém há mais nesse processo longo e complexo de fazer santos. Teoricamente, tudo deveria funcionar corretamente, e segundo as normas estritas da Congregação para a Causa dos Santos. Na realidade, as coisas são diferentes, uma vez que os responsáveis pela referida congregação são também pessoas humanas com suas fraquezas, preferências e compromissos. E até com suas pequenas ou grandes corrupções.

Sem dúvida, na medida em que a instituição seja mais ou menos poderosa, terá mais possibilidade de exercer influência entre os cardeais do Vaticano, seja para acelerar o processo, como para que se aceitem com maior ou menor benevolência os milagres apresentados. Quando eu era correspondente de imprensa em Roma, dizia-se jocosamente que os chamados "postuladores" das causas de beatificação não podiam abrir a porta de seu escritório do Vaticano com as mãos, eles tinham que fazê-lo com os pés. O postulador é uma espécie de advogado defensor da causa, a quem se costumava encher de presentes. Por isso, entrava sempre em seu escritório com as mãos cheias de pacotes. Os presentes melhores, porém, costumam ser invisíveis e podem chegar a instâncias mais altas que as do postulador.

Na Espanha, por exemplo, ainda não cessou o eco das críticas nos meios progressistas, por conta da canonização, em tempo recorde, de Balaguer, o fundador da poderosa instituição do Opus Dei, a quem o papa João Paulo II sempre favoreceu. Chegou-se a dizer que a canonização de Balaguer foi o presente de Roma ao Opus Dei pela ajuda econômica que a instituição deu ao papa durante o escândalo de monsenhor Marcinkus e a Banca Vaticana. Não fosse por isso, o Opus Dei teria que esperar muitos anos antes de poder abrir o processo de canonização de seu fundador, um religioso polêmico e controverso, promotor de uma espiritualidade que discrimina fortemente a mulher e que exalta a dor. Assim rezava monsenhor Balaguer: "Bendita seja a dor, amada seja a dor, santificada seja a dor, glorificada seja a dor." Costumava também demonizar a democracia e era amigo de ditadores.

Antigamente, o poder político se imiscuía nas canonizações dos santos

Mas essas misérias não são só de hoje. Também antigamente houve abusos e escândalos quando de certas beatificações e canonizações. Eram tempos nos quais o poder de reis e imperadores influía sobre os papas para obter as proclamações de seus santos amigos. Por isso a Igreja foi promulgando normas cada vez mais severas para os processos de beatificação, convertendo-os em verdadeiros processos judiciais, nos quais intervêm muitas pessoas, tornando assim mais difíceis os possíveis abusos e corrupções, embora sem acabar de todo com eles.

O seguinte fato serve como exemplo de que ao longo da história da Igreja houve abusos na proclamação de alguns santos: em 1643, estimulados pelas críticas dos protestantes que afirmavam constar na lista de santos do Vaticano personagens que sequer tinham existido, os jesuítas criaram a chamada escola dos *bollandistas,* nome que homenageia seu fundador, Jean Bolland, cujo objetivo era separar os santos verdadeiros dos falsos. Nasceu assim o documento *Acta santorum,* uma espécie de registro dos santos com fundamento histórico, estando ausentes aqueles que não careciam dele.

A reação à idéia dos jesuítas foi muito dura. Algumas congregações religiosas, como a dos Carmelitas, vendo desaparecer santos que já estavam no imaginário coletivo, levantaram-se em sua defesa até que interveio a Inquisição espanhola, que em 1695 proibiu a leitura da *Acta santorum* — chegando a pôr no Índex dos livros, cuja leitura estava condenada com a excomunhão, os santos do mês de maio da referida *Acta.* O Concílio Vaticano II (1962-1964) deu de alguma maneira razão aos *bollandistas,* já que pedira para "revisar do ponto de vista histórico a vida dos santos". A nova revisão do calendário dos santos, que eliminou inclusive santos famosos, durante o pontificado de Paulo VI, provocou outro terremoto. Assim, alguns que foram eliminados, pois se considerava que não tivessem existido — caso do famoso São Genaro, patrono dos napolitanos na Itália, cujo sangue se liquefaz a cada ano à vista dos fiéis na catedral —, tiveram de ser reincorporados ao culto, mesmo que só para a diocese que os venerava há séculos.

No caso de Santa Rita, somente hoje, graças às novas investigações históricas realizadas nos arquivos de Cássia e do Vaticano, inicia-se uma revisão séria e documentada de sua verdadeira história.

Capítulo VI

Os Pais de Rita

Com base nos documentos históricos pode-se afirmar que certamente os pais de Rita não eram pobres, como se dá a entender nas primeiras biografias. Isso se deve ao fato de que, segundo o esquema de santidade do tempo da santa, seria bom que os santos nascessem de famílias pobres, para se assemelharem mais a Jesus, que também havia tido uma condição humilde. Sem dúvida, seus pais não pertenciam à bem conhecida aristocracia de Cássia, porém tampouco eram indigentes. Melhor dizendo, pertenciam a uma classe média que possuía terras e sobretudo bens imóveis, que eram uma das maiores riquezas naquele tempo.

Entre os que não eram pobres, existiam duas categorias bem definidas: os aristocratas, com títulos de nobreza e nomes ilustres, que geralmente dirigiam a política, e os artesãos e proprietários de casas e terrenos, que também poderiam ser considerados ricos.

Em uma dessas famílias parece ter nascido Rita, a futura santa. Mas como se sabe que a família de Rita possuía bens e não eram pobres como afirmam as primeiras biografias? Porque o historiador Marco Franceschini (1763-1832), que era de Cássia, afirma ter lido em certas atas do notário Pietro D'Angelo Pietroni, com data de 1463, a existência de um terreno atribuído à família de Rita e que era chamado de "Chiusa della beata Rita", situado ao longo do rio Corno, perto de Cássia. E como o terreno aparece no território de Cássia, e não em Roccaporena, pensa-se que deveria ser propriedade da mãe Amata, que parece ser uma Ferri, família bem posicionada na cidade de Cássia.

Sabemos hoje que também a família do pai de Rita, Antonio Lotti (embora há quem sustente erroneamente que se chamava Mancini), possuía bens e era procedente de Cássia. A propriedade que aparece com o nome de Rita passou como dote ao convento no qual ela ingressou após ter ficado viúva. Existem também registros de 1613, em Roccaporena, sob o título "bens da beata Rita".

Há também outros argumentos que indicam que os pais de Rita, que tiveram a filha já mais velhos, pois sua mãe não conseguia ter filhos, não eram pobres e pertenciam, com certeza, a uma família bem posta na vida. Por exemplo, sabe-se que os pais da futura santa pertenciam à categoria dos chamados "pacificadores", uma profissão reconhecida civilmente e que consistia em reconciliar famílias que se enfrentavam por crimes de sangue, muito comuns naquela época, para evitar que se perpetuasse uma série de vinganças que se transmitiam de geração a geração, aumentando ainda mais os crimes e guerras familiares. Para esse tipo de trabalho, era preciso uma família bem situada economicamente e instruída, para que não se deixasse corromper. Os instruídos naquela época eram poucos e certamente não eram os pobres.

Não se sabe bem se aqueles "pacificadores" eram voluntários, se eram pagos de alguma forma, se dedicavam-se a essa tarefa por vocação religiosa — o que parece mais provável — ou por sentido cívico e humanitário. É preciso lembrar que eram muitos os crimes cometidos, sobretudo entre as facções de guelfos e gibelinos, entre os partidários do poder pontifício e os partidários do poder temporal e laico. As autoridades eram coniventes com a vingança para acabar com a vida dos responsáveis pelos crimes, sem necessidade de recorrer-se à justiça. Existiam, no entanto, certos limites. Por exemplo, a vingança só era permitida caso recaísse sobre o responsável direto pelo crime, sobre aquele que o havia cometido materialmente e não sobre os cúmplices. E quando apareciam vários responsáveis por um mesmo crime, tirava-se a sorte para escolher quem seria justiçado.

Esses crimes costumavam realizar-se através das famosas "cavalgadas", uma espécie de *blitz* que uns povoados faziam contra os outros, e onde, às vezes, eram dizimadas famílias inteiras. Nesse clima de violência nasceu Rita, embora em uma família dedicada a pacificar os sedentos de vingança. A futura santa nasce em pleno cisma do Ocidente, quando dois papas disputavam entre si o trono de Pedro: Urbano VI, em Roma, e Clemente VII, em Avignon, na França.

Na realidade, tínhamos três papas ao mesmo tempo, se contarmos João XXIII, em Pisa, em 1410, em contraposição a Gregório XII e Benedito XIII. Pode-se dizer que era a guerra de todos contra todos dentro da Igreja. A cada bispo se contrapunha outro, o mesmo valendo para cada pároco. Curiosamente, as cidades da Úmbria, como Assis, Cássia, Spoleto e outras – onde crescia vigorosamente o misticismo cristão e floresciam os grandes santos – eram as que tinham as lutas mais sangrentas entre aqueles grupos, nos quais se mesclavam interesses religiosos e temporais.

Rita, portanto, cresceu no seio de uma família de classe média, com generosos sentimentos religiosos e humanos, pertencendo seus pais à categoria social dos "pacificadores", cujos êxitos ficavam registrados oficialmente quando se conseguia que duas famílias firmassem um tratado de paz e de não vingança futura. Esses "pacificadores" eram também chamados "bons anjos de paz". Para isto, os pais de Rita deviam ter tido uma boa instrução e segura posição social, que é o que lhes dava prestígio para exercer uma função tão delicada e difícil. Os pobres, naquele tempo, não podiam, nem que quisessem, exercer qualquer função social e sequer eram aceitos como testemunhas em um julgamento, onde as mesmas costumavam declarar "Vivo de meus bens". Vittorio Giorgetti conta a esse respeito que o reitor da Igreja de Santa Maria de Cássia, ao testemunhar no processo de beatificação de Santa Rita, em 1626, para indicar que era um testemunho de credibilidade, afirmou: *"Et ho parenti quali vivono del suo"* (Meus pais vivem de seus bens).

Ensinaram-na a ler e escrever

Não sabemos se Rita teve outros irmãos, embora pareça que pode ter tido um irmão, cujo nome encontra-se em um testamento, mas pode tratar-se de um homônimo. Ela deve ter tido uma boa educação e sem dúvida sabia ler e escrever bem. E é importante destacar, para que se entenda sua vida futura de religiosa, que naquele tempo se aprendia a ler fundamentalmente através da Bíblia, ou de outros livros religiosos, o que já predispunha os jovens mais preparados intelectualmente a se interessarem pelas coisas divinas. Daí que Rita, nas pinturas mais importantes que nos ficaram dela, apareça repetidamente com um livro na mão, uma prova definitiva, já que nunca um pintor da época representaria um personagem com um livro se este não soubesse ler.

Sabemos, além disso, que em Cássia aqueles que ensinavam nas escolas públicas eram os religiosos da Ordem de Santo Agostinho. À época, a educação dada pelos religiosos se confundia em boa parte com o ensino da religião, pois serviam-se dos livros sagrados. A isto se deve sem dúvida a formação agostiniana de Rita, embora ela também estivesse influenciada pela espiritualidade franciscana, tão viva naquela época também de São Francisco de Assis.

As crônicas do período contam que Rita nasceu, de algum modo, graças a um milagre, pois é provável que sua mãe fosse estéril, uma vez que não conseguia engravidar. Inspirada nos relatos evangélicos da história de Maria de Nazaré, a quem o arcanjo São Gabriel anunciara que conceberia um filho por obra do Espírito Santo, e que contara ainda que sua prima Isabel havia concebido um filho na velhice porque "nada é impossível para Deus", a mãe de Rita pediu ao céu o milagre de conceber um filho em sua velhice. Deus a teria escutado e a fez gerar e dar à luz Rita, fruto de um milagre. É difícil prová-lo. Embora talvez seja verdade que sua mãe – que se chamava Amata – tenha tido Rita já madura, dando origem a essa lenda.

De qualquer modo, a lenda de que Deus concedera à mãe de Rita o mesmo milagre de Isabel, prima da Virgem, devia ser muito antiga, pois em 1474, pouco depois de sua morte, ela já aparece em uma pintura com o breviário na mão aberto precisamente na página da Festa da Visitação de Maria de Nazaré à sua prima Isabel.

De seus pais não se conhece mais nada, e de Rita nem sabemos ao certo onde foi batizada. Sempre havia se pensado que, já que em Roccaporena não existia a pia batismal, ela devia ter sido batizada logo ao nascer, provavelmente no mesmo dia – devido ao temor de que se morresse antes de ser batizada sua alma iria para o limbo –, na Igreja de Santa Maria de Cássia, na cidade. Mas segundo as últimas investigações históricas realizadas por Giorgetti-Sabattini, Rita foi batizada na Igreja de São João Batista, que se situava então não na cidade baixa, mas sim no alto da colina.

Como nasce o nome de Rita

E existe um mistério até sobre seu nome. O mais certo é que se chamasse originalmente Margarita que acabou tornando-se Rita. Mas como se trata de um nome que não existia – de fato é a única santa na história da Igreja com esse nome –, criou-se a lenda de que foi um anjo que sugeriu em sonhos à sua mãe – indecisa sobre como chamar a filha – o nome Rita. Como naquele tempo não existia ainda registro de batismo, a verdade é que não sabemos com que nome a futura santa foi batizada.

O mais certo é que tenham lhe posto o nome de Margarita — embora não se saiba como se transformou depois na abreviação Rita —, porque naquele tempo o nome de Margarita era usado por muitas mulheres famosas, como Margarita de Provença, que acompanhou na Cruzada seu marido Luís IX, alcunhado o santo. Ou Margarita de Escócia, canonizada por Inocêncio IV, em 1249. Ou Margarita de Baviera, viúva e filha de rei. Existia também Margarita de Hungria, que se tornou monja dominicana. Outras religiosas famosas com o mesmo nome foram: Margarita de Lorena, que se fez beneditina; Margarita Colonna, que foi clarissa; e Margarita de Savóia, contemporânea de Rita, cujo corpo também ficou, depois de sua morte, incorrupto.

Como indica Franco Cuomo, no arquivo do notário do Monastério de Cássia, onde se conserva o nome das religiosas a partir de 1463, o nome de Rita não aparece antes do ano de 1520, quer dizer, depois que Rita era já famosa, e só uma vez, enquanto se registram várias Margaritas. Isto indica que, com efeito, Rita como nome próprio não devia existir e deve ser um diminutivo de Margarita. O nome Margarita, que é também o da flor que desfolham os apaixonados no "bem-me-quer, mal-me-quer", é também o nome de uma pedra preciosa e tem origem etimológica no germânico Masrida, assimilado do latim Margarita.

Como tudo em torno dos santos tem de adquirir um interesse especial, também para o nome de Rita ou Margarita buscaram-se significados especiais. Elena Bergadano, em sua obra *Rita de Cássia, a Santa de Todos*, lembra que Margarita é uma flor do campo, das flores mais antigas e familiares, cujas origens remontam ao Tibete, onde Margarita é *mauyariy* e tem três significados: pérola, cabana e "vida que floresce". A flor se parece com as cabanas circulares dos tibetanos vistas do alto, e Margarita, no sentido tibetano de pérola, se aplica a uma "pessoa excepcional", referindo-se a uma mulher que se distingue "por sua beleza, sensibilidade, educação, afabilidade, inteligência e honradez de costumes". Caberia perguntar como os pais de Rita, ao escolher para sua filha o nome Margarita, poderiam saber que em sua origem tibetana esta palavra significava todas essas coisas. Provavelmente, não sabiam e daí pôde nascer a lenda de que foi um anjo que sugeriu a sua mãe, em sonhos, este nome.

Capítulo VII

Nascimento e Infância

Quando nasceu Rita? Até agora tinha-se como provável a data de sua morte – 22 de maio de 1457 – e só a partir dessa data, já que as crônicas afirmam que viveu quarenta anos no convento e que morreu com cerca de setenta anos, calcula-se que ela pode ter nascido aproximadamente no ano de 1373. Mas o fato é que hoje também se questiona a data de sua morte, que segundo os novos historiadores deve ter sido em 1447, chegando-se à conclusão de que, na realidade, morreu dez anos antes da data considerada oficial.

Aqueles que alegam que ela morreu em 1457 referem-se à datação do segundo sarcófago, que traz essa mesma data, também admitida nas atas de beatificação. Mas os historiadores que consideram historicamente certo o ano de 1447 esperam que agora a Igreja corrija o erro, "para que Santa Rita", dizem os agostinianos Giorgetti-Sabattini, "possa ter pelo menos uma data certa, a de sua morte". Com efeito, em uma estampa que se conserva no monastério de Santa Rita, em Cássia, e que representa a árvore genealógica da Ordem de Santo Agostinho, ao lado da imagem da beata Rita aparece o ano de sua morte: 1447.

E como se chegaria então ao ano de seu nascimento que seria provavelmente em 1373? Por um caminho complicado e aproximativo a partir do ano de sua morte. Ainda segundo a biografia feita em 1628, Rita viveu até a idade de quase setenta anos, e de acordo com um dos testemunhos casou-se aos 14 anos, conforme as leis de Cássia (antes de 12 não era permitido a mulher casar-se, e o varão, antes dos 14). Bem, se ela entrou no monastério no ano de 1407 e se seus dois filhos gêmeos morreram aos 14 anos de idade, um ano depois do assassinato de seu marido, em 1405, chega-se a 1373 como provável data de seu nascimento, que podia ser em maio. Tudo isto, no entanto, sem certeza absoluta, porque ela pode ter-se casado mais tarde e os filhos podem ter morrido com mais de 14 anos, e porque tampouco existe a certeza total de que morreu em 1447, já que a data de 1457, assumida pela Igreja, carece de fundamento.

A lenda das abelhas brancas

De Rita é difícil saber onde começa a história e onde termina o mito. Como as crônicas nada dizem sobre sua infância, as lendas puderam entrar e rechear esse vazio. Uma das histórias mais ternas de sua infância é a das cinco abelhas brancas que pousaram em sua boca como se fosse uma flor. Rita estava em um berço no campo, com poucos dias de vida, e as abelhas entravam e saíam de sua boca sem fazer-lhe nada. Trata-se de uma tradição muito antiga que aparece nas primeiras pinturas sobre a santa. Uma história que pode ser real a princípio e que depois foi-se enriquecendo de simbolismos: contam as crônicas que Rita, com poucos dias de vida, repousava em seu berço no meio do campo, onde provavelmente sua mãe trabalhava recolhendo frutas. A menina teria ficado sozinha um momento e por ali passou um camponês que estava com um profundo corte feito por uma foice e sangrava muito. Ele ia correndo para casa quando, ao passar ao lado do berço de Rita, viu as abelhas revoluteando em torno de seu rosto, entrando e saindo da boca da menina. Preocupado, pôs-se a espantar as abelhas, com medo de que elas pudessem picar a criança. Segundo a história, o camponês foi imediatamente curado da ferida na mão.

Tudo é simbólico nesse episódio das cinco abelhas brancas que fazem libações na boca infantil de Rita e que ficou imortalizado em uma pintura já deteriorada. As abelhas são brancas para indicar a pureza da futura santa; são cinco para indicar as cinco chagas de Cristo; e o milagre ocorre no quinto dia de sua vida. Além disso, todo o mundo das abelhas e seu mel estão carregados de simbolismos antigos e sagrados. Com a cera se rende tributo a Deus nos templos; o mel é símbolo de abundância. Quando Deus promete a Moisés a nova Terra de Canaã, diz que nela "correrão rios de mel e leite". Rita recebe a visita das abelhas quando começava a mamar o leite de sua mãe. E muitos autores sagrados daquele tempo se inspiraram nas abelhas, em sua laboriosidade e em sua organização interna para criar uma mística do trabalho.

Curiosamente, Santo Agostinho, cuja espiritualidade moldará de alguma forma a vida espiritual de Rita, propõe, em um de seus sermões, as abelhas como modelo de vida, algo que depois adaptaria à ordem das monjas de clausura por ele criada. Dizia aos fiéis que deviam imitar as abelhas "laboriosas, modestas e castas, já que a abelha se nutre de orvalho, não conhece os vícios da sensualidade e produz o precioso mel". Santo Agostinho é o patrono dos apicultores e o que ele diz das abelhas, que "não conhecem os vícios da sensualidade", baseia-se precisamente numa crença medieval segundo a qual – sem base científica, naturalmente – as abelhas eram assexuadas e se reproduziam milagrosamente, "mantendo sua virgindade". Daí que a cera, segundo um hino pascal do século V, seja o símbolo da "pureza imaculada da Virgem Maria". As abelhas chegaram inclusive a ser o símbolo do próprio Espírito Santo. Por isso não é de estranhar que os primeiros biógrafos de Rita começassem com um milagre tão expressivo e simbólico quanto o dessas cinco abelhas brancas entrando e saindo sem perigo de sua boca inocente.

Podemos supor que a infância de Rita transcorreu como a de todas as meninas de sua comunidade e dentro dos moldes de seu tempo.

Nascida no seio de uma família bem posta na vida e sensível, é lógico que se tratava de uma menina de nobres sentimentos, inclinada e interessada pelas coisas de Deus. Na Idade Média, o divino permeava toda a cultura que se produzia, não se restringindo a livros religiosos mas impregnando tudo: a pintura, o teatro, a dança e até a vida política. A Úmbria foi uma das regiões mais místicas da Itália, onde abundavam os santos e onde os povoados e cidades estavam semeados de igrejas e conventos. Geralmente, para uma mulher, a maior honra era poder ingressar em um convento religioso, onde não havia lugar para as pobres e analfabetas, só para as mulheres de casa abonada ou de nobres que pudessem levar um bom dote. Daí pode ter nascido a idéia de que Rita, desde muito pequena, segundo contam as biografias, desejasse "consagrar-se a Deus". E é de supor que sendo seus pais religiosos e podendo dar-lhe um dote, não criassem empecilhos à sua entrada no convento em vez de formar uma família. E, no entanto, Rita casou-se e teve filhos.

Era visitada pelos anjos?

Sem dúvida Rita, como filha única e sendo seus pais já avançados em idade, teve de ajudá-los tanto no trabalho do campo como nas tarefas da casa, além de estudar. Não devia escapar à menina o clima de violência que reinava ao seu redor, os crimes perpetrados a cada dia, a cultura da vingança e as rivalidades e ódios entre os partidários do papa, e portanto da Igreja, e os laicos que queriam liberar a cidade dos grilhões do poder pontifício. Sabemos hoje que as crianças, já com poucos anos, sabem e captam mais do ambiente do que podemos imaginar, que escutam e entendem as conversas dos mais velhos com maior atenção do que acreditamos. As crianças são como esponjas, que tudo absorvem ao seu redor. Não é, pois, estranho, sendo além disso seus pais "pacificadores", que Rita escutasse falar assiduamente dos problemas da violência e dos temas da vingança e do perdão. Em sua cultura, no aspecto religioso, a nota dominante era a da Paixão de Cristo, tema favorito dos pregadores sobretudo nas celebrações da Semana Santa, assim como dos pintores e escultores que, naquele tempo, trabalhavam só para a Igreja e para os nobres. Por isso, sem dúvida, a imagem de Jesus crucificado, o tema da dor e do sangue, do sacrifício e da penitência estiveram muito presentes na infância e adolescência de Rita. Precisamente por isso, chama a atenção que as crônicas da época concordem em admitir que a pequena Rita possuía também, em sua espiritualidade infantil, uma boa dose de franciscanismo, ou seja, de amor à natureza, à beleza das coisas e à meditação.

Segundo Diamante, uma senhora que testemunhou no processo da beatificação de Rita, contando o que ouvira os mais velhos falarem sobre a futura santa, a menina Rita dormia num quartinho, tipo mansarda, com uma pequena janela da qual se via o céu. Ali, segundo a tradição, Rita fazia suas meditações e recebia as visitas de um anjo. Diamante contou aos juízes do processo de beatificação que quando, uma vez, a janela teve que ser obstruída para que se consertasse um telhado, ela acabou se abrindo sem que ninguém soubesse explicar como. E toda vez que tentavam trancá-la, ela se abria.

Diz-se também nas atas de beatificação que aquela janela, pela qual supostamente entrava o anjo para visitar a menina, estava orientada para o Oriente, algo muito simbólico, já que do Oriente chega a espiritualidade, do Oriente vieram os Reis Magos para adorar o Menino Jesus e no Oriente nasce o sol, enquanto que do Ocidente chega toda a mundanidade e o materialismo. Eram épocas nas quais os simbolismos estavam muito entranhados na explicação da espiritualidade e do divino.

O tema da familiaridade dos anjos com as almas santas é muito comum. Os anjos aparecem quase sempre nos momentos importantes das vidas dos privilegiados. A história do cristianismo, com a Virgem Maria concebendo Jesus, nasce com a visita do arcanjo Gabriel, que lhe anuncia o milagre – que dará à luz por obra do Espírito Santo, sem a ajuda de um varão. E na vida de outra santa que sempre inspirou muita simpatia, também italiana, Santa Gema Galgani, uma menina órfã, adotada por uma família numerosa e convertida em uma santa famosa, aparecem também os anjos, que a tratam com grande familiaridade. Para Santa Gema, segundo contou seu próprio pai espiritual, um sacerdote passioneiro que cantava a Paixão nos ofícios da Semana Santa, um anjo lhe fazia o papel de carteiro. Como ele estava em Roma e ela vivia em Luca, na região da Toscana, e era muito pobre – não tendo, pois, dinheiro para comprar selos para as cartas que lhe escrevia –, um anjo se ofereceu para levá-las todas as vezes. A jovem Gema escrevia a carta, fechava-a e colocava-a na janela de seu pequeno quarto; um anjo a recolhia levando-a a Roma, ao convento de seu pai espiritual. Este, enquanto trabalhava em seu escritório, segundo ele mesmo deixou escrito, sentia uma espécie de vibração sobre a mesa e, em seguida, aparecia ali a carta de Gema.

Pode-se dizer, em geral, que não há santa, sobretudo entre as mais místicas, para as quais não ocorreram aparições de anjos. Houve casos em que, como com Inês de Montepulciano (1268-1317), um anjo lhe dava a comunhão a cada dia. Encontravam-se também com os anjos Santa Ângela de Foligno e Clara de Montefalco. Todas elas santas da Idade Média. Eram tempos em que os teólogos se desentendiam em grandes discussões sobre o "sexo dos anjos": se eram seres femininos ou masculinos e em que se pareciam ou se diferenciavam dos humanos. Também a Bíblia, tanto a judaica como a cristã, está povoada de anjos, considerados como uma espécie de bons mensageiros de Deus. Daí nasceu a tradição de que cada criança tem seu anjo da guarda, que a protege dos perigos.

A história dos anjos e de que cada pessoa tem o seu "anjo da guarda", também chamado "anjo custódio", é uma das histórias mais belas da Bíblia que depois passou para o Novo Testamento. O nome anjo significa "mensageiro" em hebraico. Os anjos constituem um mundo misterioso. Na Bíblia, eles aparecem como servidores no reino de Deus, que os manda à Terra para conversar com os homens, fazer-lhes uma anunciação, defendê-los de um perigo, etc. A idéia de anjos está enraizada nas culturas da Mesopotâmia e da Pérsia, tendo, portanto, origem pagã. Ela passa depois para o mundo judaico, que elabora o conceito dos anjos, fazendo-o compatível com o monoteísmo, que aceita um só Deus. Todos os demais têm de estar a seu serviço. Existem os anjos bons, às vezes chamados "santos", e os maus, que seriam os demônios. Estes, no início, eram também anjos bons, que se rebelaram e quiseram ser como Deus, tornando-se inimigos Dele.

Entre os anjos bons existem categorias diferentes, segundo o grau de importância. Alguns até têm nomes, como o arcanjo Gabriel, que apareceu à Maria na Anunciação, ou o arcanjo Miguel, que enfrenta Satanás. Existem anjos, arcanjos, serafins e querubins, e também tronos e dominações. De alguma forma, os anjos são o elo entre o céu e a Terra, entre o divino e o humano, entre o terrestre e o extraterrestre. Pouco sabemos de sua figura, ainda que a arte os tenha apresentado sem sexo e com asas. Em realidade, na Bíblia se apresentam de formas diferentes, geralmente com aparência humana. Outras vezes são invisíveis. Só percebemos sua presença através de perfumes e músicas. Também o anjo mau, ou demônio, cujo chefe é Lúcifer, ou Satanás, costuma apresentar-se aos santos em forma humana, tentadora, às vezes lasciva. Aos santos, em forma de mulher; e às santas, em forma de um belo homem.

A Igreja defende a crença de que cada criança, ao nascer, recebe um anjo da guarda que cuidará dela por toda a vida. Hoje há teólogos que pensam que também os animais podem ter um anjo. A importância do anjo depende da virtude e da santidade da pessoa. Como seria o anjo de Rita? Não sabemos, porém é de supor que fosse de uma das categorias importantes, dadas as características de sua vida santa.

O *boom* dos anjos na Igreja diminuiu quando começou a crescer a devoção aos santos e santas, que passaram a substituí-los, de certa forma. Os devotos foram convertendo seus santos preferidos em seus próprios anjos, ainda que às vezes surjam na sociedade de consumo momentos de grande paixão pelos anjos e sua literatura.

Não é, pois, de estranhar que já na infância de Rita aparecessem anjos, embora nada nos tenha sido transmitido dos possíveis encontros deles com a pequena de Roccaporena. Não sabemos se lhe traziam mensagens, como por exemplo aconteceu com Inês de Montepulciano, a quem um anjo anunciou a morte iminente do imperador Frederico II. Ou mesmo se o anjo lhe falava e quais seriam suas conversações. De Santa Rita se disse que foi de alguma forma a santa "do silêncio", porque não conhecemos nem uma palavra que ela tenha pronunciado, nem um escrito com sua letra, nem sua assinatura. Talvez por isso seja Santa Rita tão especial, porque dela podemos imaginar tudo, por não conhecermos nada do que pensava e das coisas de que ela gostava. Conhecemos só seus atos, que estiveram voltados fundamentalmente a atender e consolar os mais pobres e humilhados daquela sociedade onde a pobreza era a pior das maldições.

Capítulo VIII

Juventude e Noivado

Os primeiros biógrafos e a própria Igreja que indagou sobre a santidade da futura santa de Cássia se concentraram todos eles em seus anos de vida religiosa e muito pouco no resto de sua vida como mulher normal, como noiva, esposa e mãe. Naquele momento histórico da Idade Média, a santidade era julgada só no âmbito religioso. Não existiam santos no mundo que houvessem vivido sua vida na heroicidade das virtudes, dentro da normalidade. Só os religiosos, que se dedicavam de corpo e alma a Deus, podiam aspirar à santidade.

O caso de Rita era atípico, porque, embora tivesse passado a metade de sua vida no convento de clausura das agostinianas, a outra metade a tinha passado no mundo, exercendo suas funções como todas as outras mulheres. Mas Rita sofria preconceito por ter sido santa "apesar de ter sido antes noiva, esposa e mãe". Ela se fez santa, davam a entender os primeiros biógrafos, porque acabou, uma vez viúva, no convento onde se dedicou por completo à oração, à penitência e às obras de caridade. E por isso poucos se preocuparam em informar como havia sido Rita em suas funções de noiva, esposa e mãe. Ou então apenas correram os olhos por aquelas experiências dela, já que não podiam negá-las. Talvez por medo de descobrir que Rita havia sido uma "mulher" demasiado normal.

Mas havia outro motivo: naquele contexto histórico da alta Idade Média, a mulher continuava sendo apenas uma propriedade do marido e da família, sem vida própria, sem direitos pessoais. A mulher nem devia aprender a ler e a escrever. Isso era assunto para os homens já que a mulher, com raras exceções, não podia perder tempo em algo que não fossem as tarefas de casa e a ajuda ao marido. Por isso é mais fácil, inclusive naquela época, saber mais dos santos varões, de sua vida anterior ao ingresso na vida religiosa, do que das mulheres. Eram os homens que tinham vida própria e história. A mulher era só a sombra dele. E até se chegava a teorizar que a mulher era algo parecido com a lua, quer dizer, sem luz própria. Dependia daquela que recebia do sol, ou seja, do homem. O princípio que vigorava já entre os romanos é que a mulher era, em tudo, inferior ao homem, sendo excluída das funções públicas, políticas e administrativas, como afirma José Rivar Macede em sua obra *A Mulher na Idade Média* (História Contexto). As mulheres, além disso, não podiam exercer serviços religiosos nem falar nos lugares de culto, pois a velha herança judaica asseverava que as mulheres não podiam estudar a Bíblia nem falar nas sinagogas.

E é curioso que, no caso de Rita, como sua vida anterior ao convento interessava muito pouco — não se desejava que fosse mais conhecida para não ofuscar sua futura vida religiosa —, o pouco que se conta dela é para contrapor sua vida de santidade à vida violenta e dissoluta de seu marido a quem, como já era considerada santa, acabou convertendo. Pode ser que isto tenha sido verdade, porém também pode ser que ambos tivessem vivido felizes e apaixonados um pelo outro.

Falar da adolescência de Rita é um eufemismo, porque o mais certo é que se casou na tenra idade de 14 anos. A lei permitia à mulher casar-se aos 12, e os pais incentivavam as filhas a fazê-lo o mais cedo possível. No caso da nossa santa, o motivo era grande, pois, ao que parece, seus pais a tiveram já maduros, assim, urgia deixá-la casada o quanto antes.

De modo que, naquela época, as meninas não chegavam a desfrutar de sua adolescência. Logo eram esposas de maridos que tinham todos os direitos sobre elas e ainda meninas tornavam-se mães. Geralmente enviuvavam rápido, já que eram tempos de guerras e pestes, e os homens morriam com facilidade. A média de vida dos homens era muito baixa, não chegando aos quarenta anos em alguns casos.

Uma das grandes incógnitas na vida de Rita é saber se há verdade ou não quando se apregoa que, ainda menina, mas já em idade de poder casar-se, pediu a seus pais para entrar no convento para dedicar-se por completo à vida do espírito. Essa é a tese mais corrente entre os biógrafos, os quais aceitam que seus pais não o permitiram e a ofereceram em matrimônio, como era costume da época, a um jovem chamado Paulo Mancini, filho de Fernando. Certamente foi o pai de Paulo quem um dia pediu ao pai de Rita a mão da filha, para unir as duas famílias, ambas de boa posição.

Hoje os biógrafos modernos inclinam-se a pensar que tudo foi mais simples. Provavelmente — e assim aparece nas pinturas e retratos que chegaram até nós —, Rita ou Margarita era uma mocinha bonita, com muita personalidade, que havia conseguido que seus pais a fizessem estudar, era sensível e sabia muito bem o que queria, como demonstraria ao longo de sua vida. Rita deve ter agradado ao jovem Paulo, que pediu à sua família o consentimento para casar-se com ela. E não faltam argumentos para imaginar que assim foi. Vejamos: sem dúvida os pais de Rita eram gente boa, religiosa, que poderiam até acreditar que Rita tinha nascido de forma milagrosa quando já não esperavam mais ter filhos. O normal é que eles mesmos quisessem que sua única filha planejasse consagrar-se a Deus, já que era o que de melhor podia acontecer para uma mulher do ponto de vista social. No convento só entravam como "professas" meninas de boa família que pudessem levar um bom dote e que faziam os votos solenes de obediência, pobreza e castidade. E para uma mulher, que naquele tempo ao casar-se se convertia numa pequena escrava do marido, da família deste e dos possíveis filhos, sem nenhuma margem de liberdade pessoal, a entrada em um convento era uma libertação. Ali podiam receber cultura, ler, escrever e até sair para fazer obras de caridade ou assistir os doentes, pois ainda não existia o tipo de clausura que mais tarde o Concílio de Trento sancionaria.

Os pais de Rita podiam pagar sem problemas o dote que o convento pedia. Se Rita lhes houvesse pedido para entrar no convento de Santa Maria Madalena, será que eles negariam? Muito difícil. Então não podemos ter tanta certeza de que Rita, aos seus 14 anos, pensasse em entrar em um convento. Sem dúvida a idéia de casar-se com o jovem Paulo, que pelo pouco que se sabe era um jovem bem posicionado, forte, conhecido no povoado e de boa família, não desagradou à moça quando o casamento foi proposto pelo pai. Nem desagradou a seus pais que, sendo já de idade, ficariam tranqüilos de vê-la unida em matrimônio não só com o jovem Paulo, mas também apoiada pela família dos Mancini. E, assim, se casaram.

Alguns autores modernos quiseram aprofundar-se na questão da natureza das relações afetivas e sexuais entre a futura santa e o jovem Paulo, que nada faz supor que fosse especialmente religioso. Difícil de saber. Só podemos ter certeza de como eram concebidas tais relações na sociedade daquele tempo. E isso é importante para não nos equivocarmos. Escreve Rivair Macedo: "na relação conjugal se reproduziam as formas de poder das relações feudais. As expressões de amor ou afeto não eram consideradas importantes nas uniões. A concepção ético-social do amor não se identificava com os compromissos e juramentos constantes nessa forma de matrimônio. A própria mulher se dirigia ao marido empregando a palavra 'senhor'; transpunha-se dessa forma a ética das relações sociais próprias do feudalismo para o quadro mais estreito e íntimo do meio doméstico" (p. 22).

A troca de alianças na hora do rito matrimonial simbolizava mais a união de duas famílias, que haviam decidido o matrimônio, do que a dos esposos. Até o século XV, pelo menos, o ritual do casamento era uma cerimônia privada, na qual não intervinha a Igreja. O oficiante do matrimônio era o pai da noiva, que os abençoava enquanto eles estavam nus na cama. Pouco a pouco a Igreja foi reivindicando, sobretudo para os crentes, sua presença no rito e foi impondo uma teologia do casamento baseada na idéia de que o marido deve cuidar da esposa por ser a mulher frágil e inferior, e a esposa, em agradecimento, deve submeter-se a ele em tudo. Tanto era assim, que o marido podia castigar corporalmente sua mulher quando ele considerasse oportuno.

Em geral, todos os homens tinham o direito de castigar uma mulher, fossem maridos, pais, irmãos, etc. E deviam fazê-lo por um princípio de justiça que ninguém questionava. A mulher, sempre considerada como inclinada ao pecado e ao erro, além de muito frágil para lutar contra as tentações, podia ser tratada com castigos — como as crianças. Inclusive castigos físicos, como espancamentos. Ao ponto de um santo como Bernardino de Siena, considerado um santo "doce", aceitar que os maridos batam em suas mulheres se elas o merecerem. A única exceção seria para quando ela estivesse grávida, porque se considerava que poderia haver perigo de aborto. Mas para que não se pudesse interpretar esta exceção como relaxamento em um costume tão arraigado na época, acrescentou: "Vede que eu não disse que não deveis bater nelas nunca, mas sim que deveis escolher o momento."

Capítulo IX

Rita Esposa

Do marido de Rita e pai de seus filhos já conhecemos o nome: Paulo Mancini, de família bem posta na vida. Isso explica o fato de o pai de Paulo ter pedido a mão de Rita para seu filho. Não sabemos o ano em que se casaram, nem quantos filhos tiveram, embora pareça que foram dois e gêmeos. Tratando-se de um dos momentos da vida de Rita que menos interessava à Igreja daquela época, restou-nos pouca memória da Rita esposa. Por isso, nesse campo têm surgido ao longo dos séculos, e através das biografias, numerosas hipóteses, algumas muito fantasiosas e com pouco fundamento histórico.

Algumas lendas têm permanecido firmes através do tempo, porém, como já dissemos, podem dever-se ao modelo vigente de santidade. Assim, pintou-se o marido de Rita como um homem briguento, do grupo dos gibelinos, ou seja, dos anticlericais que lutavam contra o poder temporal dos papas, sempre com a espada na mão, disposto a combater em todas as batalhas. Uma espécie de sicário pago e que por isso teria acabado assassinado jovem. Chegaram a chamá-lo "homem feroz", "leão feroz". Dele se diz que era orgulhoso e irascível, embora também generoso e altruísta.

Chegou-se até a criar a hipótese, como afirma Franco Cuomo, de que pode ter sido um oficial do exército, talvez um comandante da Guarnição de Collegiacone. Ou seguramente um empresário, e até lhe atribuíram parentesco com o alcaide de Cássia. Ou seja, que podia ter sido também um político.

O que sabemos da família Mancini, da qual provinha o esposo de Rita, deve-se a uma recente investigação histórica, segundo a qual a família Mancini possuía um moinho nos arredores de Roccaporena. Por que é importante que a família Mancini fosse proprietária de um moinho? Porque indica que pertencia a uma certa classe social, não era uma família aristocrática, mas tampouco era da classe pobre. Como a família de Rita, também a de seu marido pertencia à classe média bem posta na vida, dos que possuíam bens imóveis. Naquela época, possuir um moinho era muito importante, tanto pela função que desempenhava quanto pelo rendimento que produzia — afinal, indicava uma função social reconhecida, oferecendo bens indispensáveis para as outras famílias. Chegou inclusive a existir uma espécie de monopólio dos moleiros do lugar, que gozavam, além de tudo, de reduções fiscais, dado que sua função era considerada social.

Também é certo que os moleiros não possuíam fama excessivamente boa. Questionava-se até se a profissão de moleiro podia ou não ser considerada honrada e ética, uma vez que eles tinham fama de enganar, por exemplo, no peso do trigo moído. Daí deve ter nascido a lenda de que as cegonhas nunca faziam seus ninhos nos moinhos porque tinham medo de que os moleiros lhes roubassem os ovos. Também pode estar aí a origem da fama de Paulo, o marido de Rita, como um jovem sem escrúpulos e aventureiro, salvo por sua esposa santa que o converteu à fé religiosa.

O mínimo que sabemos é que a família de Paulo estava bem financeiramente quando pediu a mão de Rita em casamento. Inclusive chegou-se a pensar que Rita e Paulo poderiam ser primos, por conta de ambas as famílias levarem o sobrenome Mancini, porém não se encontraram provas disso.

O fato de que Paulo fosse da facção dos gibelinos, como parece, não significa que ele fosse anticlerical, uma vez que no tempo de Rita ser guelfo ou gibelino já não significava nada especificamente. Eram dois títulos esvaziados de seu antigo conteúdo. Tratava-se só de duas facções opostas, que já não lutavam mais por interesses religiosos, mas pelos interesses concretos de uma ou outra família, ou de um ou outro político da época.

Teve Rita um amor secreto?

O que parece possível é que a família dos Mancini fosse da mesma aldeia da dos Loti, os pais de Rita. Deduz-se do fato de ser o irmão de Paulo, Nicola, um ermitão agostiniano que escrevia versos na língua vulgar do local, já não em latim. Em um desses versos escritos depois da morte de Rita, há a referência a "um jovem bem-disposto, porém ressentido", do mesmo lugar de Roccaporena, que seria Paulo, o marido de sua cunhada Rita, já com fama de santidade. Ninguém soube interpretar o que entendia o poeta quando dizia que Paulo era "bem-disposto, porém ressentido". Alguém interpretou como sendo Paulo um jovem de bons sentimentos, porém fácil de se irritar e também valentão.

Quando falamos, no entanto, da possível identidade do marido de Rita, não podemos esquecer que se tratava de pouco mais que um rapaz, provavelmente um jovem de 16 ou 18 anos, no máximo. Os varões podiam casar-se a partir dos 14 anos e inclusive antes, com o consentimento do pai ou do irmão carnal.

Uma vez que parece provado que, historicamente, Paulo pertencia à facção dos gibelinos, tradicionalmente anticlericais, ainda que o título já não possuísse mais o mesmo peso, permanece um mistério como a família de Rita, que pertencia ao grupo dos "pacificadores" de profissão e portanto gente religiosa e até piedosa, e sem dúvida guelfos ou partidários do papa, pode ter consentido em dar em matrimônio sua filha única a um gibelino. Há quem diga que o motivo seria uma arrebatadora paixão de Rita por aquele jovem que devia ser, além de tudo, bem posto, com fama de valente, capaz de aventuras.

Não se pode esquecer que Rita era uma moça não só sensível como também capaz de grandes paixões, como o demonstrará sua vida futura. Inclusive fala-se de um "amor passional e secreto" de Rita desde muito menina. Em muitas biografias afirma-se que aquele amor passional era pelo jovem Paulo Mancini com quem, por fim, ela se casou. Outros pensam que não, que aquele amor não foi conhecido por ninguém e que Rita, por não ter podido concretizá-lo, mesmo depois da morte violenta do marido, decidiu ingressar no convento em vez de voltar a se casar. Não há como saber a verdade. E embora seja certo que o amor e a paixão estivessem fora do casamento na cultura daquele tempo, já que o que contava era a união das famílias dos noivos, não se pode excluir que dentro do coração das mulheres, e por certo do coração de Rita, houvesse espaço para grandes amores e paixões que tinham de permanecer secretos e frustrados. Podemos até arriscar dizer que, por não haver espaço social para dar rédea solta às expressões de amor pessoal e às paixões amorosas, deviam ser ainda mais intensos esses amores secretos, conservados sempre no anonimato.

Rita quis ser mãe em seguida

Quanto ao casamento de Rita, o mais provável é que tenha sido um matrimônio normal, pacífico, com o consentimento das duas famílias. Pelo menos não se conhece nada, nem direta nem indiretamente, que demonstre que Rita, por sua ânsia religiosa, tivesse querido em algum momento romper seu casamento para antecipar sua entrada no convento, que, segundo alguns biógrafos, como já dissemos, era o desejo da futura santa, frustrado por seus pais com a imposição do matrimônio.

Que as relações de Rita com o marido foram normais demonstra-o o fato de que teve pelo menos dois filhos, e logo nos primeiros anos de união, uma vez que o marido morreu jovem. Isso indica que Rita quis ser mãe logo. Poderíamos nos perguntar que tipo de relações sexuais pôde ter a jovem aspirante a santa, tendo em conta o que significava, naquela época, o sexo para uma mulher. As mulheres se dividiam salomonicamente em duas categorias: as prostitutas, encarregadas de dar qualquer tipo de prazer aos homens, e a mulher casta e virtuosa, que era a mulher casada ou virgem. Tão casta que não podia dar ao marido, no ato da procriação, o menor prazer, nem ela devia experimentá-lo. O ato para conceber um filho devia ser o mais normal possível, com o homem sempre em cima da mulher. Qualquer outra posição, e não só do Kamasutra, estava proibida, e o ato devia ser consumado o mais rapidamente possível, sem prazer.

A Igreja, que exigia tal tipo de castidade e continência para a mulher no casamento, proibindo-a até de experimentar orgasmo, entendia que era necessária a prostituição para os homens, mesmo que fosse como um mal menor. É o que pregava o próprio Santo Agostinho, um personagem que, antes de converter-se, havia experimentado a fundo todos os prazeres da carne, como ele mesmo conta em seu livro *As Confissões*. O Santo de Hipona costumava dizer que, se suprimissem as prostitutas, "as paixões dominariam o mundo".

As prostitutas serviram também para alívio dos clérigos quando, a partir sobretudo do século XII, a Igreja exigiu o celibato obrigatório para os sacerdotes. Isto levou muitos deles a viver com concubinas ou a freqüentar regularmente os prostíbulos. No século XV, Roma tinha cerca de dez mil prostitutas, que pagavam impostos ao Estado pontifício. No Concílio de Constanza, realizado em 1417, havia 1.500 prostitutas a serviço dos padres conciliares. Ainda que também durante o último Concílio, o do Vaticano II, do século passado, convocado por João XXIII e concluído por Paulo VI, quando se reuniram em Roma três mil bispos e cardeais, mais os milhares de sacerdotes que os acompanhavam, o Vaticano recebia todo dia informes de padres conciliares detidos altas horas em bordéis ou com prostitutas na rua, tal como me contou um dos policiais responsáveis pelos relatórios ao papa. O Vaticano acabava ocultando aqueles casos com a conivência da polícia romana, e tudo se resumia a uma advertência pessoal ao fogoso bispo, cardeal ou padres conciliares.

A mulher, no tempo de Rita, era vista pela Igreja como instrumento do pecado

Voltando ao tempo de Rita, a mulher era considerada como um instrumento do pecado, uma tentação para o homem, que estava à mercê do assédio da sedução feminina. Tanto Santo Agostinho como muitos outros padres da Igreja defendiam tranqüilamente que a sujeição da mulher ao homem era algo ordenado e desejado por Deus. Enquanto o varão era guiado pela sabedoria divina, a mulher tinha de ser governada pelo homem. E tudo nascia de uma interpretação tendenciosa da passagem do Gênesis na qual se fala de Eva, de como ela tentou o homem e de como com ela e através dela entrou o pecado original no mundo. Por isso Maria, mãe de Jesus, teve de conceber virginalmente e sem pecado original, para ser a antítese de Eva.

As mulheres eram consideradas perigosas, astutas, frágeis e também infiéis e fátuas. Segundo São Jerônimo, um dos santos mais polêmicos da Igreja, as mulheres com suas capacidades sexuais eram a ruína do mundo e da pureza dos homens. O grande Tertuliano, dez séculos antes de

Rita nascer, chegou a qualificar a mulher como "porta do diabo". Em todo o judaísmo e na Bíblia a atividade sexual aparece como a coisa mais normal do mundo e até como símbolo do amor divino, como no livro *Cântico dos Cânticos*, atribuído ao rei Salomão, mas que provavelmente foi escrito por uma mulher. A Igreja, no entanto, produziu uma grande mudança, dirigindo para a alma a importância do ser humano e convertendo o corpo só numa casca que envolve e sufoca a dignidade da alma. O corpo converte-se, pois, em uma espécie de obstáculo para o espírito, um peso inútil, o cárcere da alma, que é preciso castigar e ao qual não se permite gozar, pois não deve existir outro gozo além do espiritual. Por isso, a mulher, que com sua sensualidade inata excita e tenta o corpo do homem, converte-se em um obstáculo para a santidade. E por isso o marido deve freá-la e até castigá-la, se necessário.

Ignoramos por completo as verdadeiras relações íntimas entre Rita e o marido, e as relações de ambos com os filhos. O que contam os relatos, sem fundamento histórico, é que Paulo tornava a vida impossível para sua mulher, que era brigão e violento, que gostava de vingar-se, algo que então era considerado quase uma virtude, uma necessidade, uma honra que passava de pai para filho. Vingar-se de alguém era um orgulho.

Rita, ao contrário — e isso, sim, é histórico —, pertencia a uma família que havia feito da paz e do perdão o lema de suas vidas. Viviam para "apaziguar" as famílias antagonistas e desfazer inimizades. Pode ser daí que surgiu a lenda de que Rita acabou convertendo o marido, convencendo-o de que era melhor a paz do que a violência e que, por conta dessa conversão, ele acabou sendo assassinado como vingança. É como se ele tivesse traído seu velho grupo de "vingadores". Algo parecido ao que ocorria com a Máfia na Itália. Quando um mafioso se convertia e deixava a célula mafiosa, acabavam em seguida com sua vida. Era para eles um traidor da causa. E eles não eram mortos normalmente, por exemplo, com um tiro na cabeça, mas sim com mortes calculadas, horripilantes, para que servissem de exemplo àqueles que estivessem tentados a seguir o mesmo caminho. Mas tudo isso, no que se refere ao marido de Rita, é pura lenda. O mais certo é que fosse um bom rapaz, podendo ser valente, que amava Rita e os filhos.

Capítulo X

Rita Mãe

Tudo faz pensar que Rita foi uma mãe amorosa, preocupada com seus dois filhos, João Tiago e Paulo Maria. Está claro que desejou ter filhos, e dado que ela havia estudado, como já dissemos, sem dúvida fez com que eles também estudassem. Naquele momento, em Cássia, existiam colégios tanto religiosos como laicos, porém, devido à religiosidade de Rita e de seus pais, tudo faz supor que as crianças foram levadas para algum colégio, como o dos padres agostinianos, que era o mais conhecido então.

Não sabemos quantos anos teriam seus dois filhos quando ocorreu a tragédia do assassinato do pai. Este é um momento crucial, pois nasce em Rita uma terrível dúvida: desejariam os filhos, depois de crescidos, vingar a memória do pai, convertendo-se também em assassinos? De qualquer modo, naquele momento, os dois garotos já freqüentavam a escola onde não só se formavam nas matérias religiosas como também em matemática, para poder saber fazer contas, uma vez que estavam destinados a seguir os negócios do pai.

O fato de existirem escolas revela, segundo destaca Cuomo, a existência de estatutos nos quais eram descritos os castigos que os professores podiam infligir aos seus alunos. Entre eles existia o castigo de *verberare*, do latim, que significa açoitar com varas, flagelar e esbofetear os alunos com fins pedagógicos.

Naquela sociedade não só os professores estavam autorizados a bater nos alunos, e a açoitá-los, como também o pai podia fazer o mesmo com os filhos, os avós com os netos, o irmão mais velho com o irmão menor ou a irmã, o marido com a mulher (o contrário, não), o tio paterno com o sobrinho e o senhor com o escravo.

A única coisa proibida nestes castigos era o uso de armas. Tudo o mais estava permitido, embora com limites, por exemplo, o uso do bastão ou do açoite era lícito "se não chegasse a matar" ou "deixar inválido" aquele que sofria o castigo. Isso demonstra que Cássia, naqueles tempos, era uma cidade muito violenta ao ponto de ser necessário regular com leis a brutalidade que os maiores podiam exercer sobre os menores, ou os varões contra as mulheres.

Não sabemos se Rita foi alguma vez espancada pelo marido ou se ele batia muito nos filhos, porém é evidente que ela, com sua grande capacidade de perdão, deveria agir como uma espécie de amortecedor para evitar ao máximo aqueles horríveis castigos corporais em seus pequenos. De qualquer modo, é provável que os garotos, que cresciam naquele ambiente, onde por qualquer coisa podiam ser terrivelmente açoitados por todos — professores, pais, irmãos, avós etc. —, acabassem sendo violentos nas lutas políticas e nos ajustes de contas e vinganças.

Não é possível que houvesse desejado a morte de seus filhos

O momento mais dramático de Rita como mãe, caso não seja apenas especulação, é constituído pelo dilema entre o amor a seus filhos e o temor que eles quisessem um dia vingar o pai, algo que iria contra todos os seus princípios éticos e religiosos de perdão ao inimigo e de romper a perversa cadeia das vinganças pessoais e familiares. Daí pôde nascer a idéia, defendida por muitos biógrafos, de que um dia Rita confessou a Deus que preferiria vê-los mortos a saber que acabariam sendo assassinos como os verdugos que tiraram a vida do pai deles. Este fato é inclusive apresentado como um dos milagres da futura santa, já que seus dois filhos, não se sabe se juntos ou com intervalo de breve espaço de tempo, morreram muito jovens. Houve quem dissesse que se foram quase meninos, como se Deus houvesse escutado sua prece.

Terá sido assim? Hoje se tende a pensar que as coisas podem ter sido diferentes. É difícil imaginar que uma santa como Rita, que tinha que ser uma mãe exemplar e amorosa, tivesse a coragem de pedir a Deus a morte de seus filhos, só pela hipótese de que um dia eles pudessem querer vingar a morte do pai. O mais lógico é pensar que ela tentasse imprimir nos filhos sentimentos de paz em vez de vingança, que os preparasse para serem jovens diferentes, capazes de perdoar como ela, já que é bem sabida a influência que uma mãe – principalmente com a personalidade e a santidade de Rita – tem sobre seus filhos pequenos. Tudo menos imaginar que fosse capaz de pedir a Deus que os sacrificasse jovens.

Descartando a hipótese de que Rita houvesse feito esse pedido, do que mais poderiam ter morrido seus filhos, e os dois ao mesmo tempo? Não podemos saber ao certo, mas naquela época – em que a lepra dizimava famílias inteiras – a mortalidade infantil e juvenil era muito grande. Talvez a lenda que explica suas mortes tenha nascido, simplesmente, de uma tentativa de consolo de Rita. Após a morte dos meninos, contra a vontade da mãe, ela pode ter comentado que quem sabe dessa forma tivessem ficado livres de um possível futuro de violências e vinganças. É difícil conceber-se que o coração de uma mãe alimente um ardente desejo de ver seus filhos mortos, a ponto de pedir a Deus o milagre de que os fizesse morrer o quanto antes, tal como afirmam algumas biografias da santa.

Rita chegou a amar os próprios inimigos

Há a hipótese de que, segundo os costumes da época, quando se desencadeava uma vingança mortal contra um indivíduo, ela não findava, era preciso acabar com toda a família "até extirpá-la por inteiro", como se pode ler em *Silloge agostiniana*. Nesse caso, segundo alguns biógrafos, Rita, no momento em que viu seu marido esfaqueado, e após ter escondido sua camisa ensangüentada para que os filhos pequenos não a vissem, compreendeu que também eles estavam condenados a uma morte violenta, como o pai. Diante disso, ela teria pedido a Deus que os levasse antes.

Não se pode esquecer que Rita — e esta é uma das poucas coisas certas de sua vida — em seguida perdoou os assassinos de seu marido, levada por seu amor cristão e pelas leituras do Evangelho, onde se diz que Jesus pedia que se chegasse a "amar os próprios inimigos". Isso já podia fazê-la pensar que assim, com aquele perdão heróico, incompreendido pela família do marido, talvez quebrasse a cadeia de vinganças para que ela não atingisse seus filhos.

Como escreve Cuomo: "Com certeza Rita não deve ter dito: 'Deus, faz com que eles morram', referindo-se aos filhos, mas sim: 'Deus salva-os para mim.' E se pode entender com que carga de angústia."

Outra hipótese levantada por alguns biógrafos é ainda mais difícil de se crer: a de que Rita, ao ficar viúva, desejava que Deus levasse seus filhos para poder entrar logo no convento, como havia sido seu desejo desde menina e que seus pais lhe haviam negado. Já dissemos que não tem fundamento algum a idéia de que seus pais lhe impedissem a entrada no convento para que se casasse, uma vez que para eles entrar para o convento seria uma honra. Se Rita preferiu casar-se em vez de fazer os votos religiosos foi por decisão própria. Talvez tenha sido o contrário, que seus pais lhe sugerissem a possibilidade de dar-lhe o dote para poder entrar no convento e que Rita, já apaixonada pelo jovem que havia pedido sua mão, tivesse preferido a vida de família. Dentro dessa hipótese fica ainda mais distante e absurda a suposição de que desejasse ver seus filhos mortos o mais depressa possível para satisfazer o desejo frustrado de tornar-se monja.

O que de fato está claro é que Rita, que possuía profundos sentimentos religiosos, se distinguia sempre pela força de sua caridade – o que a levava a ajudar a todos, começando pelos mais pobres. Ao ver-se só na vida, após morrerem seus pais, marido e os dois filhos, preferiu a vida de consagração a Deus e ao próximo no convento a voltar a casar-se. Isto demonstraria também, indiretamente, ao contrário do muito que se escreveu contra, que suas relações de amor com o marido foram boas e harmoniosas e que ela preferiu, uma vez ele falecido, manter aquele amor na memória como o único experimentado na vida. Como se dissesse: "Depois dele, só Deus."

Capítulo XI

O Assassinato do Marido de Rita

Um dos fatos históricos da vida de Rita é que seu esposo Paulo Mancini foi assassinado. Não se conhece a data, já que tampouco conhecemos a do casamento, nem sabemos onde ele, Rita e os filhos viviam exatamente. Existem várias versões, embora a mais segura seja a de Gerardo Bruni, bom conhecedor daqueles lugares onde Rita viveu e morreu. Segundo ele, Rita, ao casar-se, foi viver com o marido numa casa que, nas atas do processo de beatificação, chama-se *domuncula*, ou seja, "casinha". Estava situada e ainda se conserva hoje entre o Scoglio e a Gruta de Ouro, na entrada do povoadinho ou bairro de Roccaporena, à direita para os que chegam da cidade de Cássia.

A dita casinha foi a única que ficou em pé quando o terremoto de 1599 destruiu tanto Roccaporena como toda a cidade de Cássia. Em 1626, a casinha, na qual se presume que viveu Rita como esposa e mãe de família, estava inteira quando chegaram ao lugar os inspetores do processo de beatificação. Eles devem ter considerado um milagre o fato de que ela tivesse permanecido intacta.

Essa casa é descrita nas atas de beatificação. O piso superior com um terraço fora alugado, e a ele se chegava por uma escada. Constava de dois cômodos, um maior do que o outro. O menor tinha uma janela dirigida para o levante e o maior um orifício no teto, que permitia ver o céu. A casa foi convertida em oratório no ano de 1630 pelo cardeal Fausto Poli. Mais tarde, porém, os novos esposos se mudaram para a casa que ficava ao lado do moinho, fonte de renda da família. Ali nasceram os dois filhos de Rita, João Tiago e Paulo Maria, que seus pais não chegaram a conhecer, pois faleceram antes.

Por mais que se tenha querido indicar que os primeiros anos de casada foram para Rita muito duros, por causa do caráter violento do marido, não há nenhuma prova histórica disso. Não existe a mínima indicação nem suspeita de que Rita, como faziam algumas mulheres, inclusive santas, tivesse a intenção de abandonar sua vida conjugal ou deixar o marido para entrar em um convento. E menos ainda que o marido a tivesse abandonado, algo muito corrente naquele tempo. Calcula-se que viveram em paz e felizes cerca de 18 anos e provavelmente continuariam assim se não houvesse chegado a tragédia da morte violenta.

Não se sabe por que o assassinaram

Sobre a morte de Paulo existem também várias teorias. De certo é que foi uma morte violenta, um assassinato a facadas ao anoitecer, e que ele devia estar desarmado, o que indica que não podia tratar-se nem de um militar, como se quis provar, nem de um valentão, como também se sugeriu. Sem dúvida foi uma emboscada organizada contra ele e, pelo que sabemos da sociedade daquele tempo, é fácil imaginar que foi por vingança, provavelmente um crime político. Não se deve excluir a idéia de que Rita convencera o marido a ser também ele, como o eram seus pais, um "pacificador" , e que ele tenha pagado com sua vida ao tentar convencer alguma família a perdoar uma vingança.

Outra versão, a mais política, é que Paulo poderia ter sido originariamente da facção dos gibelinos, os antipapas, e que após ter-se casado com Rita, cuja família pertencia aos guelfos, defensores do Estado pontifício, converteu-se à facção mais religiosa, algo que não lhe perdoaram seus velhos correligionários gibelinos, que acabariam com sua vida considerando-o um traidor.

Para entender o grau de violência a que tinha chegado a cidade de Cássia durante a Idade Média, basta pensar que o terrível costume das vinganças podia alcançar, inclusive, o seio de uma mesma família. E vigorar até entre irmãos. Havia casos em que o fratricídio se tornava indispensável. Chegava-se a um ponto em que um irmão sabia que tinha de matar outro ou vários deles. Era uma espécie de destino fatal ao qual as pessoas não escapavam. A vida não valia nada e sacrificá-la em honra de uma vingança era a coisa mais normal do mundo. Talvez isso explique que no meio daquela violência horripilante pudessem florescer também, por contraposição, tantos santos e místicos, alguns deles desafiando a cultura de seu tempo ao insistir nos sentimentos de paz e de amor, como fizeram um Francisco de Assis ou Santa Rita, entre muitos outros, todos eles quase contemporâneos e da mesma região da Úmbria.

Os biógrafos sempre pensaram que Paulo foi assassinado longe de sua casa e que Rita, ao ser avisada por alguém, saiu ao seu encontro, deparando-se com o marido numa poça de sangue, esfaqueado e já morto, não podendo, portanto, saber quais tinham sido os autores do crime. O que é certo é que Rita escondeu a camisa do pai para que os filhos não a vissem. Tinha medo que nascesse em seus corações um desejo de vingança e que, quando crescessem, acabassem também eles manchando as mãos de sangue para vingar a honra do pai assassinado.

Segundo as últimas investigações realizadas por Giorgetti-Sabatini, as coisas ocorreram em outro lugar e de forma diferente. Paulo provavelmente não foi assassinado na localidade de Collegiacone, mas sim ao lado do moinho de propriedade de sua família e que ainda hoje é chamado "Moinho de Santa Rita". Em cima do moinho existem, ainda hoje, ruínas de uma antiga casa que, segundo algumas hipóteses, era onde viviam Paulo e Rita para poder atender os numerosos clientes que chegavam para moer o grão. O mais certo é que o crime se consumou ao lado do moinho onde Paulo estava trabalhando. Rita deve ter ouvido da casa os gritos do marido, foi até à janela, correu para tentar ajudá-lo e provavelmente viu o agressor ou agressores.

Por que a família do marido abandonou Rita após ele ter sido assassinado?

Isso explicaria o fato de a família do marido não querer levá-la para viver junto com eles, como era o costume. Teria Rita que continuar a viver só e com os dois filhos pequenos na casinha do moinho? Por que não quiseram que fosse morar com eles? Isto não supõe também que Rita ficaria sem a ajuda econômica e moral de seus sogros? De fato, Rita teve até de deixar a casa matrimonial e ir morar na casinha onde havia começado sua vida de casada antes de mudar-se para a casa do moinho.

O mais seguro é que a hostilidade demonstrada pelos sogros deveu-se ao fato de que ela negou-se a revelar a identidade dos assassinos do marido, aos quais chegou a perdoar. Perdão que foi uma das razões pelas quais Rita começou a ser considerada santa já em vida, uma vez que naquela sociedade era inconcebível que uma mulher cujo jovem marido fosse assassinado, deixando-a só com dois filhos pequenos, não tentasse vingar-se do crime. Acreditava-se que só uma santa poderia ser capaz de tamanha generosidade. Com certeza, sabe-se que Rita continuou vivendo só por pelo menos dois anos, até que falecidos seus dois filhos, ficando ela sem ninguém e não pensando em voltar a casar-se, decidiu ingressar no convento de Santa Maria Madalena.

Não sabemos onde foram enterrados o marido e os dois filhos, que morreram jovens. Naquela época, não existiam os cemitérios e as pessoas de boa posição enterravam seus mortos nas igrejas. Eles devem ter sido enterrados, provavelmente, na Igreja Paroquial de São Montano, onde, até o século passado, existiam inúmeras sepulturas.

De Rita nos separam hoje quase seiscentos anos. Muitas coisas mudaram no mundo. Se alguém daquela época ressuscitasse e chegasse a uma de nossas cidades não saberia como se dar conforto: como acender uma luz, abrir uma torneira, fazer funcionar um computador e viajar em um avião. E, no entanto, aquela imagem da jovem Rita, que da janela de sua casa viu, horrorizada, o assassinato sangrento, a facadas, de seu marido, é algo tremendamente atual. É a imagem de centenas e milhares de mulheres, mães e esposas que, nas favelas e até fora delas, têm de enfrentar da janela ou da porta de suas casas a tragédia de ver assassinados seus esposos ou filhos. Em matéria de violência, pouco mudou desde o mundo de Rita, daquela Idade Média onde as cidades eram aterrorizadas por bandidos que causavam morte e dor, não por drogas, mas por dinheiro ou vinganças pessoais. A menina Rita de então, como milhares de crianças de hoje, teve de conviver com a violência das ruas.

O que distingue Rita, o que a fez santa aos olhos de seus contemporâneos, é que em vez de seguir o trilhado e fácil caminho do olho por olho, dente por dente, da violência que gera nova violência, dedicou sua vida e suas energias a combatê-la com o perdão e com os sentimentos de paz. Será que acaso pensamos que hoje existem muitos outros caminhos para acabar com o horror da violência que invade nossas casas como invadia as da cidade de Rita?

.

Capítulo XII

Rita Viúva

Poucas santas da história passaram, como Rita, por todas as experiências que são comuns a uma mulher: foi noiva, esposa, mãe e viúva. Talvez por isto, ao contrário do que acontece com outras santas que não tiveram nenhuma dessas experiências humanas — pois já entraram meninas no convento para dedicar-se só a Deus —, Rita é uma santa mais popular, mais próxima das pessoas da rua.

Os biógrafos não se interessaram muito pela vida de Rita como viúva, como se a única coisa importante tivesse sido sua vida religiosa e tudo o mais um mero parêntese. No entanto, Rita não se fez santa no convento; não foi uma convertida que deixou o mundo para consagrar-se a Deus, como fizeram outros santos, como por exemplo Santo Agostinho. Rita foi construindo sua santidade passo a passo. Por isso as pessoas a consideraram santa, invocando-a antes de morrer. Rita foi importante antes de entrar na vida religiosa, que foi só a coroação de sua forte espiritualidade.

Quando se dá importância só à vida de Rita no convento, esquece-se que ela não entrou nele menina, mas com 37 anos, pelo menos, e talvez mais. O que para aquele tempo significava já uma vida inteira — levando em conta que se casavam aos 14 anos. Na realidade, a trajetória de Rita divide-se em duas grandes partes: sua vida no mundo, cerca de quarenta anos, e a vida do convento, onde passou outros tantos, ainda que haja quem pense que foram só trinta.

Embora as datas sejam sempre incertas na vida de Rita, tudo faz pensar que se passaram de três a quatro anos antes de seu ingresso no convento. O que ela fez nesse tempo e por que não entrou logo em seguida se esse havia sido o sonho de sua vida? Aqueles que sustentam a tese de que, no fundo, o que Rita queria era ser monja e que, quase forçada, aceitou casar-se e ser mãe, explicam que, logo que seus dois filhos faleceram, ela tentou pedir a entrada no Convento de Santa Maria Madalena e que por três vezes rechaçaram sua solicitação. Por que motivo? São dadas várias explicações, algumas sem nenhum fundamento histórico, como o fato de que não era virgem e que somente estas podiam fazer os votos religiosos. Isto revela também que não é verdade que Rita queria a qualquer preço entrar no convento, pois, se fosse verdade que seus pais a obrigaram a casar-se, podia ter deixado antes o marido e partido para o convento. Não o fez e inclusive teve dois filhos com ele.

Outro motivo, mais plausível, é que a morte violenta do marido criava um problema, já que aquele assassinato podia desencadear nas famílias uma onda de vinganças e de novos crimes e o convento não queria receber pessoas com histórias de sangue. Além disso, Rita, viúva, não podia entrar no convento sem o consentimento da família, que devia permitir-lhe levar o dote. O que é mais provável é que Rita fizesse todo o possível para afastar aquele inconveniente, conseguindo das famílias não só o perdão dos assassinos do marido como também a certeza de que não haveria vinganças. Se o conseguisse, demonstraria sua grande personalidade, sua capacidade de convicção a favor da paz, em meio a um mundo tão violento, e, em definitivo, sua sólida santidade em vida.

Sua espiritualidade era serena

Mas o que os biógrafos ignoram são esses três ou quatro anos que Rita viveu como viúva. Sabe-se apenas que ela teve que voltar à sua casinha, onde havia vivido com os pais, já que a família do marido não consentiu que fosse viver com eles, como era costume, por estarem magoados com ela por não lhes ter revelado a identidade dos assassinos de Paulo. Porém, o que fez Rita nesse intervalo antes de entrar no convento?

Não havendo memória histórica certa sobre esses anos, foram imaginados vários cenários possíveis, ainda que os biógrafos insistam em que foram anos de preparação para a fase mística final de sua vida no convento. Pensa-se que, desligada de todos os afetos familiares, Rita deve ter-se dedicado tanto à sua vocação de "pacificadora", como à sua vida de oração e meditação, passando muitas horas do dia recolhida em meio à natureza, entre os penhascos próximos à sua casa, dando espaço a algo que sempre havia desejado mas que sempre lhe fora negado por falta de tempo, envolvida como estava nos trabalhos domésticos, nas atividades do moinho, ajudando o marido e cuidando dos filhos.

Sem dúvida, Rita foi também nisto diferente de outras santas quase contemporâneas suas, como Santa Ângela de Foligno (1248-1309), que viveu também na Idade Média. Ângela que, como Rita, havia se casado e tido filhos, e que ficou viúva aos quarenta anos, ao se ver livre proclamou abertamente sua alegria pela morte dos seus, podendo finalmente dedicar-se à vida mística. Agradece a Deus a morte da mãe, do marido e dos filhos, afirmando: "Senti alívio com a morte deles." Algo que criou problemas à hora de ser canonizada como santa pela Igreja, pois parecia demasiado duro que Ângela houvesse sentido prazer com a morte de seus entes queridos. Rita não foi assim.

Toda a espiritualidade de Rita foi serena e pacífica, impregnada do amor caridoso para com os outros, sobretudo em relação aos humildes.

E suas orações e êxtases inspiravam-se na espiritualidade franciscana de amor à natureza e não nas práticas de penitência, às vezes incríveis, de outras santas da época, que levavam a loucuras como comer excrementos dos enfermos ou lamber as chagas dos leprosos para demonstrar seu amor a Deus. A espiritualidade de Rita, antes de entrar no convento, era mais simples, mais franciscana, mais solar. A força de sua religiosidade estava voltada, sobretudo, para fazer o bem.

O único rastro histórico que nos fica de Rita como viúva aparece em um afresco da Igreja de São Francisco de Cássia, que havia sido apagado e mais tarde recuperado, onde ela aparece vestida de viúva num ato de "pacificação", no qual provavelmente figuram também os assassinos do marido a quem Rita havia perdoado. Essa pintura de Rita é interessante, porque o artista a representa como ela devia ser antes de entrar para o convento.

Rita seguiu buscando a reconciliação das famílias

Essa pintura revela melhor que qualquer outra coisa que a atividade de Rita, também como viúva, foi a de buscar a reconciliação das famílias, a de evitar novas discórdias e crimes, o que supunha uma vida dedicada não só à oração e às penitências, como também empregada em tecer difíceis relações, negociações nada fáceis e conversações no intuito de convencer as pessoas de que o perdão era melhor que o ódio. E, curiosamente, Rita fazia essas coisas com maior êxito que os próprios religiosos. Devia possuir grande fascínio pessoal e humano que lhe dava credibilidade, algo mais natural entre as mulheres do que entre os homens.

Às vezes cheguei a pensar que a simpatia que minha mãe nutria por Santa Rita devia-se ao conhecimento desta faceta de "conciliadora" da santa italiana, que ela tentou de alguma maneira imitar em seu mundo de professora rural na Espanha, na região de Andaluzia, na província de Granada, a terra do poeta García Lorca, que o ditador Franco mandou assassinar. Naquela época, o padre Poveda, fundador da Instituição Teresiana — e hoje canonizado —, quis chamar minha mãe para unir-se a ele na instituição — que também tinha como co-fundadora a madre Segovia, amiga de minha mãe. Mas isto não foi possível porque minha mãe se apaixonou por meu pai e preferiu a vida de família. Quando ficou viúva, com quarenta anos, pediu para trabalhar nas escolas rurais, às quais o Estado não obrigava os professores a ir porque as considerava de difícil acesso. Mas à minha mãe encantavam aquelas escolas de aldeias pobres e afastadas. Em uma delas, a Cortijo de la Cuesta (Granja da Costa), em Albuñol, que consistia em um punhado de casas aonde se podia chegar só a pé ou de burro por haver apenas um caminho de terra pelo qual não podiam subir nem as motos, minha mãe se deu conta de que muitos daqueles camponeses, a maior parte analfabetos, passavam a vida envolvidos em litígios entre si, que os arruinavam e, em certas ocasiões, produziam mortes violentas ou suicídios. E tudo, às vezes, por causa dos limites de uma terra ou porque uma mula havia entrado na horta do outro, ou por mais um jorro de água para regar as plantas. Minha mãe, com paciência, muitas vezes sentada à porta de suas casas pobres, feitas de tijolos de barro, passava horas para convencê-los de que não valia a pena gastar dinheiro e energias com advogados e juízes. Minha mãe era cristã e, às vezes, lia para eles uma passagem do Evangelho, para melhor convencê-los de que era preferível o perdão ou a reconciliação do que os julgamentos nos tribunais, que deixavam sempre feridas difíceis de cicatrizar entre as famílias em litígio.

Minha mãe conseguia convencê-los e ela mesma decidia como resolver um litígio sem advogado, nem juízes. "Olha, Antônio, dá um saco de amêndoas para o Fernando", dizia, "que ele se esquece de tudo. Depois vocês dois apertam as mãos e me prometem que nunca mais voltarão a brigar." E eles, que confiavam na sinceridade de minha mãe, aceitavam dizendo: "O que a senhora disser está bem, dona Josefa." E, pouco a pouco, naquela aldeia, começaram a viver mais em paz. Se ela tivesse vivido na Idade Média, talvez tivesse sido também uma "pacificadora". E como minha mãe, muitas mestras rurais, de então, tinham mais ascendência e prestígio entre os pobres que os próprios sacerdotes.

O fato de Rita ter ficado na memória das pessoas de Cássia, inclusive duzentos anos depois de sua morte, quando se abriu seu processo de beatificação como "pacificadora", explica por que até seus devotos de hoje, sem saber muito de sua vida, a consideram, além de tudo, a advogada das causas impossíveis, a advogada das relações familiares. E se havia algo impossível naquele clima de violências, de terror na cidade da santa, era conseguir que uma família perdoasse à outra os crimes contra ela perpetrados. A força de Rita, o que a fazia ser acreditada, é que ela havia começado dando o exemplo ao perdoar os assassinos do marido, aqueles que nunca quis delatar.

Capítulo XIII

Como Rita Consegue Entrar no Convento que a Rechaçava

Sem dúvida não deve ter sido fácil para Rita ingressar na vida religiosa. Daí deve ter nascido a lenda do milagre que com ela realizaram os três santos de sua devoção: Santo Agostinho, São João Batista e São Nicolau de Tolentino. Conta a lenda que, após tentar por três vezes em vão ingressar no Convento de Santa Maria Madalena, na cidade de Cássia, uma noite, enquanto dormia, sentiu que alguém chamava à sua porta. Abriu-a e encontrou São João Batista, que a convidou a vestir-se e a subir com ele o pequeno monte de Roccaporena, onde já a esperavam seus outros dois santos devotos, Agostinho e Nicolau de Tolentino.

Juntos os quatro, realizou-se o milagre. Levaram-na para dentro do convento, em plena noite, deixaram-na ali e desapareceram. Pela manhã, as monjas que se levantavam ao alvorecer para rezar, segundo costume do convento, encontraram a famosa viúva Rita rezando na capela. E, claro, consideraram aquele fato um milagre, já que as fortes portas de madeira do monastério estavam bem fechadas com os ferrolhos de ferro.

Rita deve ter contado o sucedido à madre abadessa e, em seguida, após uma votação das monjas da comunidade, ela foi recebida como candidata à monja professa. Devem ter-lhe dado o tempo justo para preparar seus pertences e organizar o dote que deveria levar ao convento. Hoje sabemos que esse dote incluía, entre outras coisas, um terreno de sua propriedade.

Isso é o que têm contado até agora 99% das biografias da santa. Mas as coisas ocorreram realmente assim? Na revisão feita pelos historiadores agostinianos Giorgetti-Sabatini, prefere-se pensar que os fatos transcorreram de outra forma, sem que necessariamente se tratasse de um verdadeiro milagre. Ao que parece, é verdade que Rita encontrou dificuldades para ser admitida como religiosa, por um crime de sangue ter ocorrido em sua família. O problema, porém, deve ter sido resolvido pelos religiosos agostinianos, com os quais ela provavelmente havia estudado, e que deviam ser amigos de seus pais "pacificadores" e católicos, sabedores, portanto, da vida regrada da santa, do perdão que havia concedido aos assassinos do marido e do seu desejo sincero de entrar para o convento e lá ficar até o fim de seus dias, entregue à caridade, à oração e à contemplação.

Naquele momento — devia ser o ano de 1407 —, em toda a região da Úmbria e sobretudo em Cássia existia, junto com uma grande violência política e social, um florescimento extraordinário da vida religiosa baseada em duas grandes linhas de espiritualidade: a agostiniana e a franciscana. Em Cássia, era particularmente forte a espiritualidade de Santo Agostinho, sob cujo nome existiam dezenas de conventos. Naquela época, na pequena cidade de Cássia, existiam nada menos que setenta igrejas, das quais 11 localizavam-se dentro dos muros da cidade medieval. Entre os nove monastérios que seguiam a espiritualidade agostiniana estava o de Santa Maria Madalena, que hoje leva o nome de Monastério de Santa Rita. Foi esse convento que Rita escolheu para consagrar sua vida ou o que lhe buscaram seus amigos, os padres agostinianos.

A cidade de Cássia, quando Rita entrou para o convento, era uma espécie de anfiteatro sobre a encosta de uma grande colina. Possuía sete bairros, todos eles rodeando como uma coroa o famoso convento de Santo Agostinho. O brasão da cidade era uma mulher em pé, coroada de torres, que sustentava em uma das mãos um ramo de ervas e na outra uma serpente. Aquele brasão tem sido interpretado como a cidade que diz: "Para meus inimigos tenho o veneno da serpente; para meus amigos a medicina de minhas ervas milagrosas."

As aspirantes a religiosas que ingressavam no Convento de Santa Maria Madalena não necessitavam despojar-se de todos os seus bens nem dá-los todos ao convento. Só lhes era exigido um dote, do qual certamente não podiam dispor as pobres, mas Rita sim. No entanto, a futura santa foi mais radical: despojou-se de tudo. O que lhe sobrou, depois de apresentar o dote, entregou aos pobres, repartindo entre famílias mais necessitadas que ela. Quis entrar no convento despojada de tudo, o que indica sua vontade de acabar ali sua vida, sem pensar sequer na possibilidade de um dia sair.

Quando se fala dos bens de propriedade de Rita, temos de levar em conta que aqueles não eram os tempos de hoje. Que ser de família de bem – não se fala dos nobres – era somente ter pequenas propriedades que hoje não correspondem aos bens nem mesmo de uma família de classe média baixa. Não possuíam objetos de valor e seus imóveis eram pequenas casas nas quais hoje não viveria uma família de classe média. Além de alguns animais, como jumentos ou cabras. Isto fica claro quando a tradição fala de um objeto do qual Rita se despojou ao ingressar no convento como se fosse um item precioso: um simples manto feito com pele de ovelha, que lhe servia para cobrir-se nos frios invernos de Cássia, e que Rita entregou a um familiar seu. Esse manto, que não se sabe como foi recuperado muitos anos depois de sua morte, conserva-se como uma relíquia no santuário de Roccaporena a ela dedicado.

Rita podia sair da clausura

Há quem imagine que Rita passava o dia em êxtases e orações sem fazer mais nada. Não foi assim. Sem dúvida, durante os trinta ou talvez quarenta anos que viveu no convento, a vida de Rita fora do monastério foi muito ativa. Mas não se tratava de um monastério de clausura? Sim, mas naquele tempo a clausura dos conventos era muito relativa. As monjas podiam sair para cuidar dos doentes, para ajudar os mendigos e consolar os aflitos. Podiam dedicar-se a pôr em prática as 14 obras de misericórdia da Igreja e, certamente, Rita pôde continuar com sua obra de "pacificadora" entre as famílias, algo que havia aprendido desde a infância com os pais. Não era obrigatório que as monjas de clausura se dedicassem a tais atividades, mas lhes era possível. Só com a reforma realizada pelo Concílio de Trento, começado pelo papa Alexandre Farnese (Paulo III), em dezembro de 1545, e concluído pelo papa Giovanni Angelo de Médici (Paulo IV), em dezembro de 1563, é que a clausura monástica passou a ser muito rígida: as monjas praticamente não podem sair, a não ser por uma necessidade maior, como a morte de seus pais ou por algum motivo médico grave.

Rita, no Convento de Santa Maria Madalena, com certeza seguiu, com espírito de obediência, a famosa Regra de Santo Agostinho, uma das mais antigas da Igreja do Ocidente, que remonta talvez ao primeiro monastério de religiosos, no ano de 395. A regra de Santo Agostinho, que seguramente não foi redigida por ele, mas que foi inspirada em sua doutrina e serviu de fundamento para inumeráveis congregações de religiosos e religiosas a partir do século XI, é um compêndio de princípios muito simples. Tratava-se essencialmente de que os religiosos vivessem em plenitude os dois mandamentos do Evangelho: do amor a Deus e do amor ao próximo, ainda que com normas concretas para organizar a vida em comum, as horas de oração, as penitências corporais que recordavam a Paixão de Cristo, a castidade e a correção fraterna, como também a obediência aos superiores e o perdão das ofensas.

Na Igreja, existe também outro caminho de espiritualidade antiga para os religiosos que foi criado por outro grande santo: São Bento, fundador da famosa Ordem dos Beneditinos e cujo lema para os monges era "Ora e lavora", ou seja, "Reza e trabalha". Sua idéia era que os monges pudessem ganhar o sustento com seu próprio trabalho, que podia ser tanto material quanto intelectual. Tudo conciliado com as horas de oração e meditação. E junto com a espiritualidade beneditina e a agostiniana, foi em seguida importante a espiritualidade franciscana, que o *poverello* de Assis, considerado o santo mais parecido com Jesus, pretendia que se fundasse sobre o texto do Evangelho. Para ele nenhuma regra melhor para inspirar a vida religiosa do que a que está escrita no Evangelho, aquela que foi praticada pelo próprio profeta de Nazaré.

Mais tarde foram surgindo na Igreja outras espiritualidades e outros tipos de ordens e congregações religiosas, como a dos jesuítas, fundada por um capitão do exército convertido, o espanhol basco Santo Inácio de Loyola, que acabou sendo uma das congregações com maior prestígio intelectual e com maior poder dentro da Igreja. Assim como os jesuítas, numerosas outras congregações nascem não com vocação de clausura, mas sim com vontade de apostolado, sobretudo para dedicar-se ao ensino e às missões entre infiéis.

A lenda da planta seca que Rita tinha de regar todo dia

Todas as ordens e congregações, embora com diversos matizes e segundo as diferentes circunstâncias e culturas, tinham algumas coisas em comum, ainda hoje vigentes. Uma das que mais chocam a opinião pública é o capítulo das penitências corporais e das humilhações, às quais nos conventos costumam ser submetidos sobretudo os noviços no ano em que fazem as provas para os votos perpétuos de pobreza, castidade e obediência, que são os três votos de todos os religiosos e religiosas do mundo em qualquer congregação. Com exceção dos jesuítas, os únicos que fazem um quarto voto, o de obediência ao papa, que pode enviá-los tanto individual como comunitariamente aonde ele julgue necessário.

Uma das lendas nascidas em torno de Rita, quando da sua entrada para o convento de Cássia, foi a de que as monjas, para pôr à prova sua humildade e sua obediência, obrigaram-na a regar todo dia uma planta seca. Rita, mesmo sabendo que era inútil, por obediência continuava regando-a pontualmente. Daí nasceu a lenda do milagre: a planta acabou renascendo, como fruto milagroso de sua obediência. Mas estas provas eram comuns em todos os conventos tanto de religiosas como de religiosos, e creio que ainda são na maioria dos noviciados do mundo. Recordo que, num noviciado de religiosos missionários, uma das provas para testemunhar o espírito de humildade e obediência era ficar de joelhos na porta para beijar os sapatos empoeirados dos companheiros que ali entravam após um longo passeio. Em outras ocasiões, quando por exemplo um noviço quebrava um prato ou um copo, penduravam uma bolsinha no pescoço dele que teria de passar assim o dia inteiro, sob os risinhos e zombaria dos demais.

Outra prática de penitências entre os noviciados e inclusive mais tarde, entre os já professos, é o chamado exercício "da culpa", que Rita também teve de realizar no convento. Consiste no seguinte: reúnem-se todos diante do padre mestre de noviços, ou do superior da comunidade, e, um por um, têm de confessar não seus pecados, mas suas "culpas". A diferença é muito sutil. As culpas referem-se sobretudo a atos realizados contra alguns dos irmãos noviços, ou seja, alguma canalhice. Nesse caso, no noviciado do qual eu tenho conhecimento, aquele que se acusava de ter feito algo contra um de seus companheiros se jogava no chão da sala diante de todos e o que havia recebido dele a malfeitoria – uma má contestação ou uma brincadeira considerada de mau gosto, por exemplo – tinha de colocar o pé sobre o seu pescoço. O superior lhe perguntava então se o perdoava ou se queria continuar pisando-lhe o pescoço.

Havia outro exercício de penitência pública ainda pior. Cada um devia levantar e "acusar" os outros de algo que na sua opinião tivessem feito mal. O exercício era obrigatório e, o que era pior, o acusado não podia responder nem defender-se e tinha de aceitar a penitência imposta. Geralmente, os noviços, que vivem um momento muito místico de entrega total a Deus, aceitam tudo e dificilmente se rebelam. Tem havido casos, imagino que continua havendo, de alguns que não resistem e pedem para abandonar o noviciado, que é um ano considerado precisamente como o de uma prova.

As penitências corporais e sangrentas

Nesse mesmo âmbito se colocam as penitências corporais. Há devotos de Santa Rita que se sentem impressionados com as penitências que ela impunha a seu corpo, tanto de jejuns corporais como de cilícios e açoites. O cilício é como uma faixa com puas de aço, como arame farpado, que se coloca apertada num braço ou numa coxa. Com os movimentos dos braços ou caminhando, as pontas se cravam na carne, doem muito e produzem feridas.

Outros constroem cruzes de madeiras também cheias de puas e as colocam no peito. Os açoites são um feixe de cordas retorcidas, muito duras, com as quais os religiosos costumam flagelar-se às sextas-feiras, ou, em alguns casos, várias vezes na semana, para lembrar a flagelação que Jesus sofreu antes de ser levado para a cruz. Geralmente, cada religioso se flagela na sua própria cela. Em alguns casos a flagelação é comunitária.

Em alguns noviciados, onde o dormitório é comum e as camas são separadas só por cortinas, o padre superior costuma recitar o hino religioso "De profundis" ou o "Miserere", e durante a recitação os religiosos, todos ao mesmo tempo, têm de se flagelar.

Contaram-me que, às vezes, há noviços que costumam fazer suas pequenas trapaças, descarregando o açoite contra o colchão em vez de contra suas costas. Mas isso não acontece com freqüência, porque o noviço, se descoberto, seria imediatamente expulso. Além disso, o normal é que os noviços, por um excesso de religiosidade e porque todo o ambiente em torno deles é de forte misticismo, de desejos de santidade, peçam eles mesmos para aumentar as penitências comuns. Há noviços — como se conta em algumas vidas de santos — que pedem para se colocar nas cordas dos açoites mais puas, como as dos cilícios, ou, em casos mais extremos, lâminas de barbear. Isto com o fim não só de sentir mais dor como também para que, ao correr o sangue de suas costas, se pareça mais, inclusive fisicamente, com Jesus açoitado.

Nesses casos de noviços ou religiosos com sede de penitências e de santidade, os mestres espirituais costumam controlar tais ânsias, por medo de que eles possam exagerar, prejudicando a própria saúde e para evitar que caiam no pecado do orgulho, considerando-se mais virtuosos ou mais santos que os demais.

No caso de Rita, pouco sabemos de sua vida dentro do convento, exceto suas atividades exteriores de caridade. O que temos são, melhor dizendo, lendas. E como é normal que os santos se excedam no uso de penitências corporais, convencidos de que com isso agradam a Deus e se livram das tentações, sobretudo das chamadas "tentações da carne", conta-se que Rita também realizava penitências terríveis, chegando a flagelar-se três vezes ao dia até verter sangue e que jejuava meses inteiros a pão e água. De fato, o que os biógrafos fazem é aplicar à santa de Cássia, na ausência de fatos históricos, a experiência de outras santas religiosas.

Mortificações e psicanálise

Hoje, sobretudo as congregações e instituições mais modernas, que conhecem melhor as implicações analíticas de tais penitências corporais e a sutil fronteira entre a dor das penitências e o prazer erótico das práticas usadas no mundo do sadomasoquismo, costumam estar mais atentas a esses procedimentos e começam a considerá-los menos importantes para uma vida de santidade onde o que mais conta é a entrega generosa e desprendida ao próximo. Alguns psicanalistas, que trataram de religiosos em seu divã, me contaram que os primeiros que começaram a duvidar da eficácia destas práticas no caminho da virtude eram os mesmos religiosos que lhe confessavam que, às vezes, em vez de dor, sentiam era prazer, até excitação sexual, sobretudo quando a flagelação lhes arrancava sangue.

No tempo de Rita, todas essas coisas eram desconhecidas. Os pregadores se baseavam, todos eles, nos fatos da Paixão de Cristo, no exercício da Via Crucis, nos sofrimentos da coroa de espinhos e da morte sangrenta na cruz. E não é estranho que a espiritualidade dos religiosos e inclusive dos leigos da época estivesse toda ela impregnada da teologia do sofrimento corporal. O próprio Francisco de Assis, que foi um santo solar, amante da natureza, sem nenhum indício de sadomasoquismo, que nas práticas aconselhava seus discípulos a conversarem com os pássaros e com os peixes, recebeu em suas mãos e pés os estigmas da Crucificação. Era a cultura religiosa de uma época que não compreendia outro tipo de imitação de Cristo que não fosse reproduzir na própria carne os sofrimentos do Calvário.

No tempo de Rita, não só os religiosos e religiosas se flagelavam na intimidade de suas celas do convento. Existiam também os "flagelantes" leigos, que saíam à rua castigando-se até verter sangue, em público e comunitariamente. Rita deve ter visto aquele espetáculo desde menina e por conta disso não estranhou que no convento também lhe exigissem castigar-se com o açoite para melhor participar da morte e paixão de Cristo, a quem queria imitar em tudo.

Capítulo XIV

Quarenta Anos de Silêncio

Na vida de Santa Rita costuma haver um salto desde sua entrada no convento até o momento de sua morte, com quase setenta anos. Trata-se, pois, de quase quarenta anos de silêncio. O que fez Rita nesses anos dentro do convento? Se se comportou como suas outras irmãs religiosas, por que só ela acabou com fama pública de santidade e as outras não? Por que bastou morrer, se dela não se soube nada durante toda a sua vida no convento, para que no mesmo dia recebesse um culto público e tivesse seu corpo exposto na capela do convento à veneração do público? São perguntas sem resposta.

A chave de sua fama está, talvez, no fato de não ter passado esses anos só encerrada no convento, dedicada exclusivamente à oração, embora certamente fosse uma alma mística e exemplar no cumprimento das regras conventuais. O que pode explicar sua grande fama de santa popular, que ficou manifestada sobretudo na hora de sua morte, é que boa parte do tempo, ainda como religiosa de clausura, Rita o dedicava a fazer o bem na cidade. Disso sim existe memória. Assistia os enfermos, sobretudo os doentes de lepra, tão numerosos naquele tempo, sendo provável que seus dois filhos tenham morrido dessa epidemia. Rita se dedicava a dar consolo a todos, aos mendigos, às viúvas, às pessoas sozinhas. E seguiu também, durante seus anos de religiosa, dedicando-se à notável vocação de seus pais, "pacificadores" das famílias com enfrentamentos mortais entre si.

Rita tinha, além disso, fama de fazer prodígios e de conseguir para as pessoas coisas que pareciam impossíveis. Sua fama nesse campo é muito antiga. E sem dúvida foi muito amada porque todos sabiam que nela encontravam sempre uma advogada da paz, que podiam contar com ela para tudo. É provável, também, que saísse do convento com as cestas cheias de comida para os famintos, que eram muitos naquela época e naquela cidade.

Enquanto os biógrafos, inclusive os mais antigos, não davam detalhes de sua vida no convento, falava-se muito do momento de sua morte. Já na biografia de 1628 as monjas que testemunharam para o processo de beatificação contam que Rita esteve doente nos quatro últimos anos de sua vida, embora não tenha sido possível saber de qual enfermidade. Parece que teve uma febre contínua que debilitou muito suas forças físicas ao mesmo tempo em que depurou as de seu espírito. O que parece certo é que Rita, nesses quatro anos em que ficou prostrada no leito, deu um grande exemplo de serenidade a suas irmãs religiosas. E isso pode ter tido um eco na rua. Uma vez que sabemos que Rita saía continuamente do convento para ajudar os necessitados de qualquer tipo, é bem possível que nesses quatro anos em que não pôde sair por causa da doença os pobres que tanto a amavam tenham se interessado por ela e conseguido saber algum detalhe, através das outras monjas, sobre esse período de sua enfermidade. E é possível que ela, do seu leito de dor, continuasse a enviar mensagens de esperança e carinho para os pobres e doentes que já a viam como santa.

A história dos figos e das rosas

Esta pode ser a origem da terna lenda dos figos e das rosas. Conta-se que durante sua enfermidade foi visitá-la uma parenta de Roccaporena. Era janeiro de 1447. A parenta perguntou-lhe se tinha algum desejo particular, algum capricho antes de morrer. O normal, segundo os clichês dos santos, é que Rita respondesse que para ela bastava a oração, que Deus a saciava com suas graças, que ela não queria nada material. Mas não. Antes de morrer, Rita teve dois desejos bem concretos, bem terrenos, bem ternos. Pediu a sua parenta que lhe trouxesse dois figos maduros e duas rosas. A mulher deve ter pensado que Rita, por causa da febre, estava delirando, já que era janeiro, ou seja, pleno inverno, quando a temperatura em Cássia podia cair abaixo de zero. Assim, não era possível que em seu jardim houvesse figos ou rosas. Mas, para não decepcionar a monja já no fim da vida, prometeu que no dia seguinte lhe traria figos e rosas. Provavelmente imaginou que no dia seguinte lhe daria alguma desculpa por não poder cumprir seu desejo, convencida como estava de que ela lhe havia pedido algo impossível.

As crônicas, no entanto, relatam que não foi pequena a surpresa daquela parenta de Rita quando, ao passar pelo velho jardim da casinha da monja, viu em uma figueira coberta de neve dois figos maduros e no roseiral duas rosas vermelhas bem abertas. Colheu os figos e as rosas e foi logo levá-los a Rita. Certamente, a fama do milagre deve ter percorrido toda a cidade. Ainda hoje um dos ritos mais simpáticos dos devotos de Rita consiste em criar uma chuva de pétalas de rosas vermelhas no dia de sua festa na cidade de Cássia. E as rosas acompanham sempre a vida de Rita como símbolo de que nada é impossível.

Verdadeiro ou não, o episódio é interessante por vários motivos. Todas as lendas nascem de algum fundo de verdade. As pessoas não atribuem um certo tipo de milagre a um santo, se ele não estiver de acordo com o seu temperamento. Se Rita tivesse sido vista, como alguns biógrafos a apresentam, como uma religiosa que viveu os quarenta anos de convento açoitando suas carnes, jejuando, mortificando-se em tudo, lutando contra os demônios, certamente não se teria criado a lenda do milagre dos figos e das rosas, um milagre de grande ternura, tipicamente franciscano. Esta história revela que até no momento de morrer Rita mantinha uma alma não só sensível às coisas belas e boas, às coisas simples da vida, como também uma alma religiosa, inocente e aberta à idéia de que para Deus nada é impossível, nem sequer fazer amadurecer uns figos em pleno inverno ou fazer florescer um roseiral debaixo da neve.

É uma pena que Rita não nos tenha deixado nada escrito, porque é muito provável que seu conceito de Deus e do mistério, de suas relações com a divindade e com a Terra, deviam ser de uma enorme naturalidade, de grande sabor bíblico, convencida como estava de que Deus está sempre disposto a fazer coisas impossíveis se nossa fé nisto é firme, como a das crianças, que são capazes de pedir a seu pai coisas loucas, porque pensam que para ele nada é impossível, já que para uma criança o pai é sempre onipotente e todo-poderoso. Essa devia ser a religiosidade de Rita, profundamente franciscana. Apesar de sua inegável vida de privações no convento e de suas penitências, na hora de sua morte, já anciã, ela não perdeu o gosto de saborear o mel de uns figos maduros e de sentir o forte perfume de uma rosa recém-aberta.

Lenda ou não, esse episódio é muito revelador da alma e do temperamento de Rita, ou pelo menos de como a gente de seu tempo via aquela monja, que já era amada antes de entrar para o convento.

Capítulo XV

O Misterioso Espinho na Fronte de Rita

Uma das coisas que mais chamam a atenção na vida de Rita é a ferida que ela apresentou na fronte durante mais de 14 anos e que se atribuiu a um estigma provocado por um dos espinhos da coroa com a qual Jesus foi torturado na noite da Paixão. A explicação que se deu desta ferida, uma das poucas coisas acertadas historicamente na vida da santa, é que sendo muito devota de Cristo e desejando participar das dores de sua Paixão, Deus lhe fez esse milagre.

Como Rita não deixou nada escrito sobre sua vida, nem tampouco as monjas de seu convento, muitas coisas foram escritas sem que possam ser desmentidas nem provadas. Sem dúvida, ela não é a única santa da Igreja que se viu objeto desses fatos espetaculares dos estigmas, sobretudo nas mãos, nos pés e nas costas, como São Francisco de Assis, e mais recentemente o padre Pio de Pietralcina, canonizado em 2002 pelo papa João Paulo II.

Sobre o fenômeno dessas chagas no corpo de muitos santos, que seriam uma espécie de participação deles nas dores da Paixão de Cristo, foram escritos centenas de livros. Esse fenômeno interessou sempre não só à Igreja, que tem sido muito prudente em nunca considerá-lo um signo de santidade, mesmo tratando-o com respeito, como também a médicos, cientistas e psicólogos.

Não se podendo dizer que os santos que apresentam os estigmas os tenham produzido dolosamente para parecer excepcionalmente santos e privilegiados por Deus, o que entraria em choque com sua santidade, há quem relute em considerá-los um milagre ou algo sobrenatural, sem explicação humana e científica, costumando explicá-los de outras formas. Por exemplo, como um fenômeno de "sugestão". Seriam feridas produzidas por essas pessoas não consciente, mas inconscientemente, com a força do pensamento na Paixão de Cristo e a forte vontade de participar dos sofrimentos de Cristo na cruz. Algo parecido aos fenômenos de superação das leis físicas por certos iogues hindus, que conseguiram viver muito tempo sem comer, podendo levitar no ar e usar a telepatia para se comunicar.

A discussão sobre os estigmas continua de pé, assim como as diversas interpretações dos mesmos. Existe unanimidade quando se diz que a aparição destes estigmas por si só não é sinônimo de santidade. Com isso até a Igreja concorda. A santidade consiste nas obras de caridade realizadas e na fé e confiança em Deus. O demais é secundário, embora para os devotos desses santos os estigmas possam ser considerados como um amor especial de Deus pelo santo ou santa de sua devoção.

É a única santa com um estigma na fronte

No caso de Rita existe algo que a faz diferente dos outros santos estigmatizados. Ela não recebeu os estigmas nas palmas das mãos, nos pés ou nas costas, mas sim na fronte. Nenhum outro santo nem santa na história da Igreja tiveram um estigma tão especial. Como explicar este fenômeno na vida de Rita? A primeira pergunta que se poderia fazer é como se sabe que a santa teve durante todos esses anos essa ferida na fronte, considerada como um estigma. Sabemos disso porque todas as pinturas que dela chegaram até nós representam-na com essa ferida. Na notável poesia ou oração que alguém escreveu em seu sarcófago, seis anos depois de sua morte, fala-se explicitamente do dito espinho. E como o corpo de Rita permaneceu incorrupto durante muitos anos e pôde ser analisado pelos médicos, sabe-se que o osso da parte frontal de sua cabeça apresentava uma ferida, como se alguma vez tivesse sido golpeada por um objeto contundente.

Para explicar a origem do fenômeno, quase todas as biografias explicam que Rita recebeu o estigma no ano de 1431, quando, já no convento, na Sexta-feira Santa, o franciscano Tiago della Marca foi pregar na Igreja de Santa Maria do Pueblo. Esse franciscano, cuja fama de orador era bem conhecida e acabou sendo canonizado, fez um sermão muito emocionante e ilustrativo sobre as dores sofridas por Jesus durante sua paixão e morte.

Para escutar padre Tiago, naquela tarde lá estavam também as monjas agostinianas do Convento de Santa Maria Madalena e, entre elas, Rita, que ficou muito impressionada com o sermão. Ao chegar à sua cela, pediu a Deus para participar também das dores da Paixão, e nesse momento apareceu em sua fronte a notável ferida. Isso é o que se tem dito até agora. Existe inclusive uma pintura representando esta cena, na qual Rita recebe do Crucifixo o notável espinho, o que indica que esta tradição é muito antiga, mesmo já tendo se passado duzentos anos de sua morte.

No entanto, as últimas investigações históricas apontam outras possibilidades. De acordo com os historiadores, é certo que Rita tinha a ferida na fronte, já que é o que aparece escrito no sarcófago em 1437. Porém, não é possível relacioná-la com aquele notável sermão do padre Tiago, já que o mesmo aconteceu em 1425, enquanto Rita foi estigmatizada em 1432, ou seja, pelo menos sete anos mais tarde. Entretanto, os historiadores

agostinianos desejam ir mais além. Advertem que Rita, em sua espiritualidade, se inspirava mais na doutrina agostiniana que na franciscana e que
toda a sua formação veio dos agostinianos e não dos franciscanos, que
exerceram pouca influência em Cássia. Aqui talvez os agostinianos
Giorgetti e Sabatini, que defendem a tese acima, tenham querido levar
um pouco a água para o seu moinho (ou puxar a brasa para a sua sardi-
nha), para despojar Rita da sua espiritualidade franciscana, algo bem evidente em sua vida.

O que pensava a santa sobre aquela ferida?

Rita, porém, parece que nunca considerou a ferida em sua fronte como
algo sobrenatural. Nem ela nem as monjas do convento. Para elas não
passava de uma ferida comum, embora sem explicações médicas, que,
ademais, segundo testemunharam as monjas no processo de beatificação,
"cheirava mal". E de fato trataram de a curar, embora em vão, com un-
güentos e ervas medicinais. Tanto é assim que durante uma viagem das
monjas a Roma, segundo alguns historiadores, por causa do Jubileu, e
segundo outros pela canonização de Nicolau de Tolentino, celebrada em
Roma em 1446, conta-se que Rita pediu para ir também. Para ela era
uma ocasião única de conhecer Roma e as relíquias dos primeiros cristãos. Porém as monjas a proibiram por medo de que a ferida de sua
fronte, que fedia, pudesse chocar as pessoas. No entanto, antes da
viagem, a ferida desapareceu, segundo uns biógrafos, graças a um
milagre de Deus, segundo outros, por ter sido tratada com maior in-
tensidade. O caso é que Rita pôde ir tranqüila com a ferida já cicatri-
zada e que, ao voltar, ela se abriu de novo. E aqui também há quem
alegue que se tratou de mais um milagre, enquanto outros preferem
pensar que a força da emoção, para não perder aquela viagem, fez

com que a ferida se curasse e que, uma vez já relaxada desta emoção, na volta voltou a se abrir.

Difícil saber, como dissemos, o que Rita pensava pessoalmente daquela ferida que, de certo modo, a humilhava. Talvez tenha chegado a pensar que se tratava, como em outros santos, de um fenômeno sobrenatural, mas ao mesmo tempo teve que ter suas dúvidas, já que até então não existia nenhum caso de santos com um estigma na fronte em vez de nas mãos, pés ou costas, locais onde ficaria mais evidente a simbologia de participação da Paixão.

O que dizem os críticos

Justamente entre os críticos da santa de Cássia, acaba de aparecer no *Bullettino della Deputazione Abruzzese di Storia Patria*, na Itália, um estudo polêmico sobre a possibilidade de uma nova leitura do poema que aparece no sarcófago de Santa Rita, poucos anos depois de sua morte, provavelmente escrito por aquele que foi o pai espiritual de Rita no convento, embora não tenha assinatura. Nesse poema, escrito no dialeto de Cássia, fala-se pela primeira vez da *beata Rita*, quando ela foi beatificada só quase duzentos anos mais tarde. A inscrição demonstra que Rita, como dissemos, já era considerada popularmente como uma santa, antes da decisão oficial da Igreja.

A polêmica refere-se a um verso do poema, que mal se lê no original. Segundo a nova leitura desse trabalho crítico, Rita havia produzido nela mesma a ferida na fronte. Mesmo se tratando de um estudo de base científica, há de se reconhecer que ele nos parece pouco crível. O poema do sarcófago começa assim:

> *Oh, Beata, / quanto nos tens iluminado / com tua constância e virtude diante da Cruz, / onde recebeste do Rei grandes sofrimentos, / depois de haver*

abandonado a triste vida mundana / para ir gozar de tuas enfermidades morais
e desconhecidas feridas de tua alma / ante aquelas mais atrozes da Paixão de
Cristo.

Papó e V. Di Flavio, autores do artigo intitulado "O espinho de Santa Rita de Cássia. Nota crítica", defendem que há um erro na leitura do poema, no quarto verso, mais especificamente, na palavra "re" (em italiano "*rei*"): afirmam que a letra "r" originalmente era um "t". Pelo texto, em vez de "*dove pene dal Re aviste acute*" ("onde recebeste do Rei grandes sofrimentos"), deveria ler-se: "*pene da te aviste acute*" ("grandes sofrimentos recebeste de ti mesma"). Ou seja: os sofrimentos não os havia recebido do Rei, de Cristo Rei, ela os havia infligido a si mesma. Mas o mesmo texto diz mais abaixo, explicitamente: "Tanto que tu recebeste de Cristo um de seus espinhos." Ademais, nos versos em que em vez de "re" se deveria ler "te", fala-se de sofrimentos espirituais e não corporais. Sendo assim, fica difícil afirmar que foi Rita mesmo quem produziu a ferida na testa.

A polêmica, no entanto, continua de pé, curiosamente, mais de quinhentos anos depois de sua morte. E, sem dúvida, a santidade de Rita e a simpatia que desperta nos milhões de fiéis do mundo inteiro não dependem do fenômeno da misteriosa ferida na fronte.

Capítulo XVI

A Morte de Rita

Toda a cidade de Cássia participou popularmente da morte de Rita, que faleceu no dia 22 de maio, não se sabe com certeza absoluta se do ano de 1447 ou 1457. Ricos e pobres, nobres e gente humilde correram ao convento após terem escutado o concerto dos sinos das igrejas que, segundo a tradição, tocaram sozinhos em tom de júbilo. As monjas do Convento de Santa Margarida Madalena tiveram de expor o corpo na capela porque todos queriam dar-lhe o último adeus. Por isso, o corpo de Rita não pôde ser enterrado em seguida na área sepulcral da igreja do monastério, como era costume com as outras religiosas falecidas, as quais, sem caixão de defunto, eram simplesmente envoltas em um lençol branco, sendo então colocadas na terra. Para Rita, como não parava o afluxo de gente que chegava em grupos, não só da cidade como também dos arredores, foi preciso improvisar uma caixa de madeira para colocar os restos mortais dela de modo a continuarem expostos à veneração do público.

Já deste momento fala-se de um milagre de Rita nas atas de beatificação. Conta o notário Ristoro Cesi que o carpinteiro Cecco Barbaro, de uma antiga família nobre de Cássia que viera junto com outras pessoas para venerar os restos mortais de Rita, exclamou: "Ah, se eu não estivesse mutilado, eu mesmo lhe faria uma caixa." Cecco teria ficado imediatamente curado e construiu a primeira caixa com madeira de álamo, considerada como "féretro humilde", que era muito simples e que ainda existe, conservada no monastério de Santa Rita, ex-Convento de Santa Maria Madalena. Suas medidas servem para se ter uma idéia de como era Rita. Tem 1m58 de comprimento por 40,5cm de largura e 30cm de altura, o que indica que ela era de estatura mediana, melhor dizendo, baixa.

Mais tarde foi preciso construir uma nova caixa, mais robusta, para onde foram transferidos os restos mortais da santa. Trata-se do famoso sarcófago no qual um poeta anônimo, seguramente não um Dante, escreveu um breve poema em que canta as virtudes de Rita. Esse sarcófago contém também pinturas muito interessantes que revelam alguns aspectos da vida da santa. Muito importantes porque quem pintou aquelas cenas havia conhecido pessoalmente Rita, portanto trata-se de um dos pouquíssimos, talvez do único testemunho ocular da vida da futura santa.

Sua fama de santidade se espalhou como um incêndio

O que impressiona na vida de Santa Rita é que, depois do grande silêncio de sua existência no monastério, sua fama de santidade e sua capacidade de fazer milagres espalhou-se de forma incrível. Sua sepultura converteu-se imediatamente em local de peregrinação. Para ela acudiam pessoas da mesma região da Úmbria e não só gente humilde, atraída por sua fama de fazer milagres, como também figuras importantes daquele tempo, entre as quais bispos e cardeais. E isso ainda antes do processo de beatificação.

Só muitos anos depois de sua morte é que a Igreja começou a falar na possibilidade de que aquela monja, que havia se casado e tido dois filhos e da qual não se sabia com exatidão nem a data de nascimento nem de sua entrada no convento, nem sequer a data de sua morte, pudesse chegar à glória dos altares. De fato sua beatificação só aconteceu uns duzentos anos depois.

Sem dúvida, a fama de Rita deveu-se à convicção popular de que era uma santa que fazia mais milagres que ninguém. Nas atas oficiais da Igreja, fala-se de mais de cem milagres realizados por Rita, ainda que para o processo de beatificação a Igreja tenha escolhido só uns poucos, considerados os mais reveladores.

O tema dos milagres realizados pelos santos, dos quais a Igreja, sobretudo a partir do papa João Paulo II, começa a prescindir cada vez mais, é um tema delicado e que se propõe de modo especial com Santa Rita, considerada mundialmente como a advogada das causas difíceis e desesperadas, ou seja, das coisas impossíveis.

De saída, é incorreto, do ponto de vista teológico católico, afirmar que um santo ou uma santa realizam milagres. Os milagres, se existem, só Deus pode levar a cabo. Quando se diz que um santo faz um milagre há que entender que este foi feito por Deus "através da intercessão" de um santo. Eles são só uma espécie de intermediários entre a divindade e a humanidade. É como se se tratasse de um personagem próximo ao rei que intercede para que este conceda uma graça ou um privilégio. Quem o concede é o rei, porque só ele tem a capacidade e o poder de fazê-lo.

O tema dos milagres realizados "pelos" santos ou "por sua intercessão" foi um problema delicado nas relações da Igreja de Roma com as Igrejas protestantes, assim como com as outras religiões monoteístas não cristãs. Também para os judeus, por exemplo, que não têm santos, só Deus é capaz de fazer prodígios ou milagres aos homens. Na verdade, os santos acabaram de alguma forma substituindo na Igreja a função que antigamente, já desde o Velho Testamento, tinham os anjos, que eram também uma espécie de mensageiros ou intercessores entre Deus e os homens.

O espinhoso tema dos milagres dos santos

A Igreja, apesar de ter exigido sempre alguns milagres para poder beatificar ou canonizar alguém com fama de santidade, tem sido bem mais cautelosa na aceitação dos milagres. Primeiro porque é difícil distinguir um verdadeiro milagre. O progresso da ciência e do conhecimento, assim como os novos descobrimentos do subconsciente e da influência do psíquico no somático, faz com que não seja fácil hoje distinguir um simples fenômeno inexplicá.el de um verdadeiro milagre. Basta pensar que a maioria dos milagres examinados pela Igreja são de males físicos considerados incuráveis.

A Igreja tem começado também a levar em conta os chamados "milagres psicológicos", como nos casos de conversão fulminante de um ateu à fé pela intercessão de um santo. Porém, dados os avanços da medicina e da moderna psiquiatria, fica cada vez mais difícil reconhecer a existência de um verdadeiro milagre.

Os teólogos mais avançados preferem pensar que o que chamamos milagre poderia ser simplesmente a própria capacidade da pessoa, através de uma dose forte de fé, de ir mais além das simples forças da natureza, sem necessidade de que exista algo de sobrenatural. O milagre seria feito por nós mesmos, pela nossa convicção profunda de que podemos alcançar algo que nos parece impossível do ponto de vista puramente normal. Isso não impede que um dos instrumentos para conseguir essa força interna, que levaria ao milagre, se faça através da intercessão de um santo ou de uma santa. A fé tem muitos caminhos por onde circular.

Daí que esses teólogos considerem, por exemplo, que muitos dos chamados milagres realizados nos santuários de Lourdes ou de Fátima se devem não tanto a um efeito de "sugestão", como alguns mais críticos costumam sustentar, mas simplesmente à força da própria fé, recordando as palavras de Jesus no Evangelho quando diz que "a fé pode mover montanhas".

Os críticos que alegam que nunca entre os milagres apresentados pela Igreja existem coisas espetaculares e inexplicáveis — um mutilado cuja perna ou braço amputado renascesse, ou um morto que ressuscitasse de verdade, ou alguém capaz de parar o curso da água no leito de um rio — se esquecem de que nesse caso se trataria mais de magia que de milagres ou graças.

Justamente os milagres desse tipo, atribuídos a Jesus em alguns Evangelhos, como o da conversão da água em vinho, a multiplicação dos pães e dos peixes ou as ressurreições dos mortos, são os que os especialistas na Bíblia consideram como "simbólicos", criados pelos evangelistas para explicar a divindade de Jesus, capaz de fazer qualquer prodígio. Os verdadeiros milagres realizados por Jesus eram na ordem da vida normal, como a cura dos leprosos ou dos paralíticos, ou da ordem psicológica, como a conversão, depois de sua morte, dos apóstolos covardes e medrosos em seres fortes e valentes, que acabaram todos eles dando sua vida pela causa.

Não é necessário, para que consideremos uma ação como milagrosa, que se trate de algo que supere os limites da ciência ou da medicina. Na linguagem popular costumamos chamar milagres a coisas mais simples. Basta que se trate de algo inesperado, seja uma cura repentina ou algo que nos trouxe sorte, ou de um encontro fortuito que muda nossa vida. Assim como os crentes, de qualquer credo, costumam às vezes dizer a um amigo "Pede a Deus para que me resolva este assunto", podemos também dirigir-nos com fé a um santo ou a uma santa de nossa simpatia pedindo que interceda por nós. Faz parte dessa consciência que todos temos do limite e ao mesmo tempo da experiência pessoal que nos mostra que há coisas aparentemente difíceis ou impossíveis, mas que podem acabar se resolvendo. Como isso ocorre não sabemos, mas sabemos que às vezes ocorre e que, pelo menos nesse momento, não há explicação humana.

Até uma rainha pediu a Rita para poder ter um filho

O fato de que Santa Rita seja uma das santas não só mais populares como também mais "milagrosas" pode ter uma explicação simples: trata-se de uma santa que desperta muita simpatia, por conta de todas as desgraças em sua vida, com as quais as pessoas se identificam. Assim, Rita acaba sendo muito mais invocada que outros santos e santas menos abordáveis, menos próximos, e que chegam a infundir medo porque suas vidas de santidade estiveram muito distantes de nosso mundo real.

A fama dos milagres de Rita difundiu-se fora da Itália — mesmo com as dificuldades de comunicações da época — como nos revela a história da rainha da Espanha, Maria Anna de Neuburg-Babiera. Em 2 de julho de 1686, quando Rita era só beata, a rainha escreveu às monjas agostinianas de Cássia, pedindo-lhes que rezassem à beata Rita para que pudesse ter um filho, a fim de evitar problemas na sucessão ao trono da Espanha. As monjas se sentiram muito honradas pelo interesse da rainha da Espanha em obter aquele milagre da beata e todo o convento ficou em polvorosa. A madre abadessa, Constanza Colangeli, a vigária Maria Cecília Balzanetti, junto com as demais religiosas, o notário Agostino Taddei, o confessor Pietro Vitale Baglione de Gubbio e as testemunhas Raffaele Cittadoni, representante do bispo de Spoleto, Ludovico Sciamanna e Ubaldo Avosi, vigário de Cássia, dirigiram-se ao lugar onde Rita estava enterrada. Do altar sob o qual repousavam seus restos mortais, pegaram um anel que havia pertencido em vida a Rita, colocaram-no num relicário de prata de forma oval, obra do joalheiro Giuseppe Regi, e o enviaram à rainha através do prior-geral da Ordem de Santo Agostinho, Fulgêncio Travalloni.

Em 14 de dezembro desse mesmo ano, o padre Antonio d'Aragona enviou às monjas uma carta de agradecimento em nome da rainha pela preciosa relíquia recebida. Dias depois foi enviada também ao prior da ordem outra carta, na qual a rainha dizia que se a beata Rita lhe concedesse o milagre de ter um filho, ela gostaria de dar um presente às monjas de Cássia. As monjas responderam que lhes encantaria uma bela urna para conservar os restos mortais da beata. Somente 12 anos mais tarde, em 16 de outubro de 1698, Carlos II, rei da Espanha, encarregou, de Madri, seu sobrinho, o duque de Medinacceli, capitão-geral do reino, de enviar ao monastério de Cássia uma rica urna como as monjas haviam pedido. Mas parece que ela nunca chegou ao seu destino.

Como nasce o tema das relíquias

O tema das relíquias dos santos constitui outro dos problemas entre a Igreja Católica e a Igreja Protestante. Esta última sempre lutou contra o tráfico de indulgências e contra o uso das relíquias. A Igreja de Roma, ao contrário, sempre autorizou a veneração das relíquias, que podem ser parte do corpo do santo, algum objeto usado em vida por ele, ou também algum objeto que tenha tido contato com seus restos mortais, como lenços ou algodões passados sobre seus ossos.

Se na origem a idéia das relíquias tinha um valor sentimental, ao longo do tempo acabou convertendo-se em fonte de abusos. Todos nós, de um modo ou de outro, relacionamos a idéia das relíquias com nossos antepassados queridos. Conservamos objetos deles com carinho, considerando-os como uma presença sua em nossa vida, como um pedaço da memória. E ninguém critica este costume ancestral.

Com os santos, em princípio, ocorria a mesma coisa. Aqueles que os haviam conhecido conservavam objetos, geralmente piedosos, usados por eles em vida. Depois começou-se a fazer uso também de algumas partes de seu corpo. É conhecida a história do ditador espanhol Francisco Franco que, por ser muito devoto de Santa Teresa de Ávila, conseguiu que a

Igreja lhe entregasse um braço da santa, que ele levava sempre em um relicário de prata no carro, durante suas viagens, para que o protegesse.

A febre pelas relíquias exacerbou-se durante a Idade Média e durante as Cruzadas. E daquela época procedem muitos dos abusos. Roubavam-se não só relíquias dos santos como também se transportavam, às vezes, corpos inteiros de um país para outro. Em muitas ocasiões, sem nenhuma certeza histórica, como é o caso da relíquia do corpo do evangelista Marcos que, segundo a tradição, repousa na famosa basílica de Veneza que leva seu nome. O mesmo poderia dizer-se do corpo do apóstolo Santiago da basílica que deu nome à mesma cidade da Galícia, na Espanha, famosa pelas peregrinações de pessoas do mundo inteiro pelo também famoso "Caminho de Santiago". Na realidade não existe certeza de que se trate do corpo do apóstolo. Em Roma, a cidade das relíquias, se a Igreja fizesse uma investigação a fundo sobre a maioria delas, conservadas em suas igrejas e basílicas, poderia ter muitas surpresas. Porque muitas daquelas relíquias, inclusive as de Jesus Cristo, têm muito pouco valor histórico, embora a Igreja tenha deixado sempre que a piedade popular siga considerando-as autênticas. Para começar, nem sequer existe a certeza de que o corpo do apóstolo Pedro esteja de fato enterrado na basílica de São Pedro, nem o de Paulo na de São Paulo. Trata-se só de uma tradição. Muito menos fundamento têm todas as relíquias da Paixão de Cristo, desde os pedaços da cruz aos cravos com que pregaram suas mãos e seus pés no madeiro. Alguém já disse que, se fossem verdadeiras todas as relíquias conservadas no mundo da cruz de Cristo, dava para formar um bosque inteiro com elas.

O mesmo se poderia dizer de relíquias muito mais curiosas que a Igreja também conserva e venera, como as plumas do Espírito Santo, prepúcios (vários) de Jesus, que como judeu teve de ser circuncidado, ou algodões empapados no leite com que a Virgem Maria amamentava seu filho. Ou mesmo palhas da manjedoura onde Maria deitou o menino

Jesus. São milhares de relíquias sem valor histórico, embora continuem sendo veneradas pela devoção popular. Trata-se talvez do desejo inato de poder ver ou possuir algo pertencente aos grandes personagens da história religiosa da Igreja.

Hoje em dia, essa atração pelas relíquias tem diminuído. A própria Igreja é mais prudente com relação a elas. No caso de Santa Rita, as monjas do convento de Cássia, onde se conservam seus restos mortais, têm estado sempre muito atentas para que não se chegue a mutilar seu corpo sob o pretexto de enviar relíquias suas às diferentes igrejas levantadas em seu nome por todo o mundo. Só algumas partes de seu corpo, separadas do esqueleto, têm sido conservadas em preciosos relicários. Os devotos se conformam com outros tipos de lembranças quando visitam seu santuário.

Capítulo XVII

O Processo de Beatificação

A vida de Rita é cheia de paradoxos. Um deles é que só 172 anos depois de sua morte foi solicitada ao papa a abertura de seu processo de beatificação – ou seja, em 1619. Curiosamente, Rita já era venerada não só como beata mas também como santa, tanto pelo povo como pelas autoridades civis e religiosas. Tanto que desde 1545, quer dizer, 74 anos antes de que se pensasse em sua beatificação, celebrava-se oficial e publicamente sua festa. Existia até um decreto segundo o qual a Câmara de Cássia tinha de contribuir com a quantia de um florim ao ano para a festa da santa.

Um fato significativo demonstra que a fama de Rita já era muito grande e que a religiosa gozava de muitos devotos. No dia 19 de maio de 1560, o vigário-geral do cardeal Alexandre Farnese, bispo de Spoleto, concedeu ao monastério da beata autorização para que deixassem entrar na clausura do convento numerosos peregrinos que chegavam à cidade para prestar homenagem aos restos mortais de Rita, a quem já consideravam a santa das causas impossíveis.

A partir de então, vendo as autoridades como a fama daquela religiosa se estendia por toda a Itália – e fora dela – começaram todos – as religiosas, os políticos e as próprias autoridades eclesiásticas – a interessar-se pela possibilidade de um processo de beatificação de Rita. Todos viam vantagens em um reconhecimento público de sua santidade como o do processo solene de beatificação celebrado em Roma com toda a autoridade infalível do papa. Interessava às religiosas do monastério onde a futura santa havia vivido quarenta anos porque, sem dúvida, isso significava prestígio e também ajuda econômica para a Ordem das Agostinianas. Interessava aos políticos locais porque, visto que já haviam começado espontaneamente as peregrinações à tumba de Rita, estavam certos de que com a beatificação aquelas peregrinações aumentariam e trariam à pequena cidade de Cássia prestígio e dinheiro. E interessava às autoridades eclesiásticas locais porque um processo de beatificação é sempre uma honra para o bispo que o promove e o solicita a Roma. Apesar, no entanto, do interesse geral no assunto, os trâmites para a beatificação de Rita começaram muito tarde. Foi um processo lento.

Em 1616, a Câmara Municipal de Cássia conseguiu a permissão para a celebração religiosa em homenagem a Rita, apesar de ela ainda não ser sequer beata. A celebração religiosa começou a ter lugar na igreja paroquial de Santa Maria della Pieve. Dois anos mais tarde, teve início a petição de abrir o processo de beatificação. A decisão foi tomada pelo Conselho da Câmara Municipal com 72 votos a favor e só quatro contra. Os conselheiros enviaram ao papa Paulo V a seguinte carta:

> *A humilíssima e devotíssima Comunidade de Cássia, após o devoto beijo de seus pés,* expõe que, por decreto do Conselho, decidiu suplicar-lhe que se digne dar a ordem que conceda Sua Santidade, para que seja inscrita no Catálogo dos Beatos, a Beata Rita, que já recebe continuamente dos fiéis que a ela recorrem pedindo graças e que se demonstram gratos pelos benefícios que dela recebem após rezar a Deus Nosso Senhor. Desejamos longa e próspera vida à Sua Santidade.*

---

* O costume de beijar os pés do papa quando se estava em sua presença durou até Pio XII. Eu mesmo, em certa ocasião em que tive de apresentá-lo a uma pessoa, tive de fazer o gesto de ajoelhar-me e beijar-lhe os pés, embora o papa tenha me levantado, não permitindo que chegasse a beijá-los.

Sempre a falta de dinheiro paralisava o processo

Ao mesmo tempo em que enviava esta carta ao papa, o Conselho de Cássia se comprometia a arcar com os gastos necessários para o processo de beatificação de Rita. Começaram então as pressões em Roma para convencer Paulo V a abrir o processo de beatificação. Para isto se recorreu a um personagem de prestígio dentro da Cúria Romana, o abade de Sant'Eutizio de Preci, Giacomo Crescenci. Nomeou-se também um intermediário entre a Cúria de Roma e as autoridades de Cássia, na pessoa de Francesco Frenfanelli, que, após haver-se informado em Roma, lhes jogou um balde de água fria, já que se calculava que o processo de beatificação de Rita ia custar aos cofres da Câmara pelo menos mil escudos, uma quantia impossível de se obter mesmo pedindo ajuda aos devotos. Na verdade, uma coleta feita pelos governantes da cidade conseguiu angariar somente cem escudos. Nesse ponto, os conselheiros de Cássia se viram obrigados a dizer ao mediador com a Cúria que era preciso parar tudo até tempos melhores. Não só agora, mas já então, quando os processos vaticanos eram mais simples e menos burocráticos, pensar um processo de beatificação era oneroso. São muitas as pessoas que intervêm, muitos os documentos manipulados, muitas as comissões de peritos que têm de viajar para recolher informações, etc. E tudo isso necessita de dinheiro.

Porém, as autoridades de Cássia, que viam que a devoção à santa do lugar crescia dia-a-dia e que sua fama corria já meio mundo, não desistiram e cinco anos mais tarde (1624), com o novo papa, Urbano VII, voltaram a tentar. A Câmara de Cássia fez um novo esforço e chegou a recolher trezentos escudos para os gastos mais urgentes, comprometendo-se a seguir recolhendo dinheiro em toda a região e não só na cidade. Até aquele momento, ainda não haviam se envolvido com o assunto os religiosos agostinianos, tão fortes na cidade e de alguma forma os mais ligados à santa, já que Rita havia sido monja agostiniana e sua beatificação daria prestígio à ordem. E de fato a beatificação tomou corpo quando os agostinianos se encarregaram do assunto. Como ordem religiosa tinham sólidas condições econômicas para fazer frente aos gastos e, além disso, souberam mobilizar a piedade dos devotos para obter a ajuda de todos.

A partir daí começaram as visitas dos enviados de Roma para recolher testemunhos das pessoas sobre o que conseguiam lembrar da vida de Rita, coisas que seus antepassados contavam. Foram escutadas também as monjas do convento da beata Rita, fez-se uma lista dos milagres mais conhecidos e assim foram sendo redigidas as atas para o processo de beatificação. A casualidade fez com que, para a abertura do processo, interviesse toda a família Barberini, à qual pertencia o novo papa Urbano VIII. A mais ativa foi Constanza Magalotti, esposa de Carlo Barberini, irmão do papa, todos eles curiosamente muito devotos da beata Rita. A nobre Constanza se deslocou para Cássia para venerar as relíquias da religiosa depois da beatificação. Foi ela quem pediu diretamente à Congregação de Ritos que se celebrasse todos os anos, no dia 22 de maio, a missa em honra de Santa Rita, como se continua fazendo.

As monjas juraram que sempre ouviram falar que a religiosa Rita tivera uma vida exemplar

Outro personagem que ajudou a acelerar a beatificação de Rita foi monsenhor Pietro Colangeli, que dizia ter sido curado de uma enfermidade mortal graças à intercessão da santa. Colangeli era o protonotário apostólico em Roma e foi encarregado de analisar toda a documentação sobre a vida de Rita. Porém, como ele, dado o milagre recebido, podia parecer um juiz suspeito, para ajudá-lo foram nomeados os notários de Cássia, Antonio Raimondi e Francesco Venenzi. Foram eles os encarregados de pedir às religiosas do monastério de Santa Rita que organizassem uma junta para expressar seu voto sobre a santidade da companheira religiosa. A abadessa, madre Lucia Cittadoni, reuniu as monjas e elas redigiram o seguinte texto:

> *Nos séculos passados viveu aqui Rita de Cássia, de vida exemplar, que ainda viva obteve milagres de Deus. Seu corpo se conserva ainda incorrupto, apesar das intempéries do tempo, e desde o momento de sua morte os fiéis têm recebido graças dela, como se pode testemunhar pelos ex-votos e os objetos de prata mandados lavrar pelos que receberam as ditas graças. Sua fama de santidade tem-se estendido até terras distantes.*

Um daqueles ex-votos era precisamente do protonotário romano, monsenhor Colangeli, que fez com que se colocasse uma lápide de mármore com a inscrição de seu nome e o da santa que lhe havia feito o milagre. O ex-voto se conserva ainda no monastério de Santa Rita. Quando em 1627 chegou a notícia de que a beatificação era já um fato, ordenou-se que se distribuísse vinho na Câmara e se criou uma comissão de festejos encarregada de arrecadar fundos para levantar um arco triunfal para a santa, preparar uma peça de teatro que contasse sua vida, assim como várias funções de tipo religioso. Tudo se votava já por unanimidade e se apresentavam todas as iniciativas dos festejos à população, à qual se pedia, logicamente, a ajuda financeira para fazer frente a tantos gastos.

Por fim, no dia 3 de julho de 1627, a Congregação de Ritos emitiu, em nome do papa, o decreto de beatificação de Rita, ao que se seguiu um breve apostólico do papa Urbano VIII, através do qual concedia o privilégio de poder celebrar a missa da beata a todos os sacerdotes da Ordem de Santo Agostinho, que foram os que arcaram com a maior parte dos gastos da beatificação. Em 4 de fevereiro de 1628, o papa estendeu este privilégio a todos os sacerdotes da diocese de Spoleto a que pertencia a cidade de Cássia.

Por fim, em 16 de julho desse mesmo 1628, celebrou-se em Roma, na igreja do Convento de Santo Agostinho, a solene cerimônia da beatificação de Rita. Estiveram presentes, junto com o papa Urbano VIII, 22 cardeais, numerosos bispos, todas as autoridades civis e religiosas de Cássia e milhares de devotos chegados de diferentes lugares do país. A festa, inclusive o banquete, foi paga pelo cardeal Antonio Barberini, sobrinho do papa. Eram os tempos do poder pontifício, nos quais os papas pertenciam às famílias da nobreza romana, todos eles ricos e notáveis. Foram os piores tempos do papado, os mais propensos à corrupção e à dissolução de costumes. Os familiares dos papas, todos eles nobres, tinham muita influência nas questões da Igreja, incluídas as finanças. Também no caso de Santa Rita, vários duques e condes conseguiram em seguida o privilégio de poder celebrar a missa em honra da nova santa de Cássia em todos os seus condados e ducados.

Capítulo XVIII

A Canonização

Por incrível que pareça, desde a grande festa da beatificação de Rita — com a qual já se permitia oferecer-lhe culto público na diocese de Spoleto — até o triunfo final de sua canonização, ato solene e infalível do papa, passaram-se outros 372 anos. O lógico teria sido que pouco tempo depois ocorresse sua canonização. Não foi assim. E sempre pelo mesmo motivo: falta de fundos para arcar com os grandes custos do processo. Ou, pelo menos, isso é o que se disse sempre.

Rita já era considerada santa por todos. A fama de seus milagres era universal. Quando o terrível terremoto arrasou a região da Úmbria nos dias 12, 15 e 16 de maio de 1730, todos viram como um milagre que o monastério da beata, apesar de toda a destruição, não houvesse desaparecido, assim como se conservaram intactos seus restos mortais. Em agradecimento, no ano de 1731, os governantes de Cássia instituíram uma novena em honra da beata Rita, ao término da qual organizava-se uma procissão, solene por toda a cidade com seu estandarte. Ao final da procissão, concedia-se ao povo a bênção com uma famosa relíquia da Eucaristia conservada em uma igreja da cidade, chamada "o milagre eucarístico".

Quando a fama da beata começou a chegar à América, voltou-se a insistir na necessidade de pedir ao papa a abertura do processo de canonização. O novo papa era Lorenzo Corsini, proveniente de uma nobre família romana e que tomou o nome de Clemente XII. Coincidiu que Corsini, quando era cardeal, havia sido um benfeitor do monastério de Santa Rita. As monjas, quando ele foi eleito papa, lhe enviaram uma mensagem de felicitação, que ele respondeu assegurando que continuaria dando-lhes sua ajuda. Dito e feito. No dia 3 de agosto de 1737, o papa emitiu um decreto autorizando a Congregação de Ritos a abrir o processo definitivo de canonização da beata. De novo grandes alegrias iniciais e de novo a frustração de não conseguir reunir o dinheiro necessário para os gastos do processo e da cerimônia final em Roma. De fato, a canonização que parecia já estar resolvida foi suspensa pelo prior da Ordem dos Agostinianos, Schiaffinati. A notícia caiu como uma bomba em Cássia, entre os devotos e autoridades. Nunca se soube o verdadeiro motivo daquela interrupção, embora fosse atribuída, uma vez mais, à falta de dinheiro.

Chegou-se a duvidar da própria existência da santa

Alguns historiadores chegaram a considerar que, apesar de a beata ter adquirido fama universal, talvez fosse um mito criado pouco a pouco pelas pessoas, que talvez ela nunca tivesse existido. Daí uma certa prudência antes de se chegar ao veredicto solene e definitivo da canonização. Contrariamente ao que se pode pensar, Rita, apesar da fama que sempre a rodeou, é uma das poucas santas que nunca teve um biógrafo. Ninguém que a tivesse conhecido em vida escreveu uma só linha sobre ela, exceto o poema sobre sua sepultura, que é puramente espiritual, sem notícias históricas. Ninguém se interessou em recolher testemunhos de quem tivesse detalhes sobre sua vida. Dela só se começa a escrever alguma coisa quase duzentos anos depois de sua morte.

Podia-se duvidar de sua existência uma vez que não existiam registros civis nem religiosos de quando ela nasceu, nem de seu batismo, nem do casamento. Até se poderia duvidar de que Rita tivesse passado quarenta anos no Convento de Santa Maria Madalena, das madres agostinianas, já que, quando ela ingressou no mosteiro, ainda não se registrava o professar dos votos. O arquivo do convento começa em 1463. O único documento público do qual se poderia deduzir a certeza sobre sua identidade, como filha de Antonio Lotti, era o contrato de 1446, de um terreno, em que seu nome aparece junto ao de outras irmãs do convento e em tom totalmente elogioso sobre as virtudes de Rita. Perdeu-se a biografia escrita em 1515, de Giovanni Giorgio Amici di Cascia, usada no processo de beatificação de 1626 e que se fundamentava em entrevistas com irmãs do convento onde Rita havia vivido, embora quase cem anos depois de sua morte. Outra biografia, com pouco êxito, foi a de Nicola Simonetti, de 1697, que foi rejeitada até pelos padres agostinianos, considerada "rica em invenções e muito pobre em fatos concretos".

É possível deduzir que se colocou em dúvida a própria existência da santa a partir do questionário preparado pelos postuladores ou advogados de defesa no processo de Rita. Este questionário, com 29 perguntas, foi apresentado a cada uma das cinqüenta pessoas convidadas a testemunhar, das quais vinte eram mulheres, a maior parte monjas do convento em que havia vivido a beata.

A primeira das perguntas era a seguinte: "Como se sabe que existiu a bem-aventurada Rita?". Entre outras perguntas, figuravam ainda: se ela havia sido católica; se era público que tinha vivido santamente; se gozava de fama de santidade já no momento de sua morte; se era certo que seu corpo se conservava "branco, inteiro e intacto"; se era verdade que, cada vez que se abria o túmulo onde repousavam os restos mortais da beata, ele exalava um perfume maravilhoso; se era verdade que a ela acudiam os devotos pedindo-lhe graças; se era verdade que imagens de Rita haviam sido pintadas em várias igrejas; se era verdade que antes e depois de morrer havia realizado milagres, etc. Exigia-se de todas as testemunhas que dissessem se o que lhes era perguntado era certo e por quê. Por exemplo: à pergunta "Sabe se a bem-aventurada Rita existiu?", o postulador acrescentava "E como o senhor sabe?".

O tribunal tinha sido instalado no Monastério de São Francisco em Cássia e presidido por monsenhor Pietro Colangeli, protonotário apostólico. Os advogados defensores eram seis. Acabados os interrogatórios, o tribunal foi transferido para o mosteiro da beata Rita para comprovar o culto ali realizado à religiosa morta com fama de santidade. Primeiro vieram os 216 ex-votos oferecidos à beata, dos quais a metade levava inscrições com os nomes dos que haviam recebido a graça. A eles se acrescentariam outros 230 objetos preciosos, alguns de ouro e prata, como cálices e candelabros oferecidos à beata em agradecimento por alguma graça recebida.

As monjas arrancadas do convento

Hoje, naturalmente, ninguém duvida da existência de Santa Rita, apesar do pouco material histórico que é possível recolher, inclusive das melhores fontes, sobre sua vida. Interrompido misteriosamente em 1739, tentou-se reabrir o processo de canonização em 1745, após a divulgação de um milagre prodigioso realizado pela beata: a cura da monja Chiara Isabella Garofoli da Pogiodomo do convento da beata Rita. A Câmara de Cássia interveio ante o bispo, porém em vão. De novo se tentou em 1797, e uma vez mais o problema foi econômico. Cada vez mais os gastos do processo de canonização aumentavam.

Em uma carta que está nos arquivos de Roma, publicada por Giorgetti-Sabatini, o bispo agostiniano Bartolomeo Menocchi, confessor de

Pio VII, que conseguira do papa que a festa da beata fosse solene, escreve a seu irmão religioso Filippo Ciottoni: "Para a causa de canonização de Rita necessita-se de dinheiro para levar a cabo o processo e depois para a solenidade. Creio que no total serão necessários vinte mil escudos, pelo menos. Assim, se nem o Padre Vigário Geral Rotelli, nem a Religião neste tempo difícil são capazes de reunir tal soma em dinheiro, nem os cidadãos de Cássia são tão ricos para poder contribuir..."

Houve mais um problema. Vários sacerdotes disputavam entre si a honra de serem os postuladores da causa de canonização. A luta era entre a Câmara de Cássia, que já havia nomeado seu postulador, e a Ordem dos Agostinianos, que queria nomear o seu. No final, Roma disse que quem escolhesse o postulador teria que se encarregar dos gastos do processo. E aí tudo voltou a parar. As coisas se complicaram quando em 15 de junho de 1810, por ordem das autoridades ítalo-francesas, foram expulsas de seu monastério todas as monjas da beata Rita. A abadessa de então era Serafina Teresa Conti, que morreu pouco depois, vítima da peste.

Todos os bens do convento foram colocados em leilão e as propriedades imobiliárias, entre elas a que havia levado Rita ao convento, foram alugadas. No entanto, a igreja da beata Rita, junto com a de São Francisco ficaram abertas ao público, algo que mais tarde foi considerado como um milagre. Em 1815, permitiu-se às monjas, que eram 12, voltar ao convento e recuperar suas propriedades perdidas. Por fim, em 1851, foi de novo reaberto o processo de canonização, para cujo êxito seriam necessários ainda outros 49 anos — mesmo se multiplicando cada vez mais as notícias dos milagres realizados pela beata.

Novamente as maiores dificuldades foram a falta de dinheiro para cobrir os gastos do processo reaberto, tanto por parte da Ordem dos Agostinianos, que haviam chegado a reunir 15 mil escudos — porém faltavam pelo menos outros 5 mil —, como da Câmara de Cássia, cujos cofres estavam vazios depois dos terremotos de 1703 — que causou muitos danos e afugentou muitas pessoas do lugar, empobrecendo-o. E o pior ainda estava por vir. Com o decreto do marquês Gioachino Napoleone Pepoli, governador da região da Úmbria à qual pertencia Cássia, todas as ordens religiosas foram suprimidas, confiscando-se seus móveis e imóveis. Os religiosos tiveram de viver de esmolas.

Rita foi a primeira santa canonizada do século XX

O processo de canonização voltou a ser empreendido, no entanto, em 1892, graças a um novo prodígio realizado por intercessão da beata Rita: a cura instantânea do ancião Cosma Pellegrini. Para concluí-lo, faltava apenas a comprovação dos quatro milagres então exigidos pela Igreja, ao contrário de hoje, quando bastam dois. O papa então era Leão XIII, que passaria à história por sua famosa encíclica social *Rerum novarum*, e seria ele, no jubileu do novo século, 1900, que, após séculos de reviravoltas, canonizaria solenemente a beata Rita. Foi a primeira canonização do novo século.

Os quatro milagres reconhecidos oficialmente, tal como aparecem nas atas do processo, foram os seguintes: o perfume que emanava do corpo da beata, testemunhado por inúmeros devotos e peregrinos chegados de muitas partes à igreja de Cássia onde Rita estava enterrada; o movimento do seu corpo dentro da urna onde permanecia semi-incorrupto; a cura da cegueira irreversível (pelo menos para a ciência de então) de uma menina de sete anos, Elisabetta Bergamini; e a cura de Cosma Pellegrini, de oitenta anos, que se livrou de uma enfermidade mortal após haver sonhado com a beata Rita.

Milhares de devotos em todo o mundo, durante essas centenas de anos que foram necessárias, com todas as suas idas e vindas, para chegar ao grande dia da canonização, morreram sem ver a glória definitiva da filha de Cássia. O grande dia foi 25 de maio de 1900. Teve lugar na basílica de São Pedro, para a qual acudiram milhares de pessoas chegadas de todo o mundo, tendo muitas que ficar de fora, apinhadas na praça de São Pedro. Calcula-se que estiveram presentes ao ritual solene mais de duzentas mil pessoas.

Segundo os relatos oficiais, foram levantadas 23 tribunas para a ocasião. Assistiram à cerimônia desde soberanos a embaixadores e centenas de cardeais, bispos, religiosos e religiosas. Naquela manhã, junto com Rita, o papa canonizou também João Batista de la Salle, o notável pedagogo francês, protetor das crianças abandonadas. Muitos viram naquela coincidência das duas canonizações um sinal do céu, já que também o santo da devoção de Rita se chamava João Batista, um dos três santos que, segundo a tradição, a levaram de noite ao convento com as portas cerradas, quando as monjas se opunham ao seu ingresso.

E assim é, como escreveu Cuomo: "A história de Rita esteve sempre tecida de sonhos e símbolos, e para poder decifrá-los não bastam as leis da razão, necessitam-se também as do coração." Por fim os devotos não tinham dúvidas: o papa Leão XIII havia proclamado naquela manhã, fazendo uso de seu poder infalível, não só que Rita tinha existido e portanto que não era só uma lenda, como também estava gozando definitivamente da glória destinada por Deus a seus santos.

Capítulo XIX

O Corpo Incorrupto

Um dos prodígios que sempre se atribuiu à Santa Rita foi que seu corpo, apesar de não haver sido embalsamado e de haver sido conservado em uma frágil caixa de madeira exposta às intempéries do tempo, mante-ve-se incorrupto por muito tempo e, cada vez que se abria o túmulo, exalava um maravilhoso perfume. Mais ainda, da santa de Cássia conta-ram-se coisas prodigiosas acerca de seus restos mortais, por exemplo, que seu corpo se erguia levemente do túmulo em ocasiões solenes. As crôni-cas contam que essa inclinação, uma espécie de saudação, ocorreu tam-bém no dia de sua canonização.

O que dizer desses prodígios atribuídos à santa? Uma coisa é certa: quando o tribunal de juízes enviado pela Congregação de Ritos de Roma, para examinar os milagres atribuídos à santa, instalou-se em Cássia a fim de interrogar tanto as religiosas do convento, no qual havia vivido Rita, como as pessoas mais velhas da cidade, que podiam conservar de seus antepassados recordações da religiosa, uma das primeiras coisas que fize-ram foi examinar os restos mortais da santa.

Quando os juízes abriram o sarcófago surpreenderam-se ao encontrar o corpo de Rita incorrupto e ao notar que dele se desprendia um perfu-me muito agradável ao olfato. Rita estava "como se tivesse acabado de morrer", escreveu um dos notários presentes. A pele de seu rosto estava branca e lisa. Nem sequer revelava a idade com que havia morrido a religiosa, quase aos setenta anos. Parecia a de uma jovem. Os juízes sabiam muito bem que o prodígio de um corpo incorrupto, depois de tantos anos da data de sua morte, já havia ocorrido com outros santos. E não existiam dúvidas no caso de Rita, pois o milagre se revelava diante de seus olhos. O que mais se estranhou foi aquele perfume maravilhoso que emanava de seu corpo. Para que não houvesse a menor dúvida sobre o caso, examinaram todas as possibilidades de fraude, como perfumes escondidos no sarcófago ou próximo a ele, na igreja, etc. Porém nada encontraram, e as monjas juraram perante Deus não terem colocado perto da santa, ou na caixa de madeira em que repousavam seus restos mortais, nada que pudesse perfumar o ambiente.

Porém, talvez o mais importante para os juízes encarregados de examinar os restos mortais foi constatar que o sarcófago já continha pinturas relativas à santa, algo que não se fazia com nenhuma outra religiosa, demonstrando que desde sua morte ela foi considerada como alguém muito especial, tida como santa pela gente da rua e não só pelas religiosas, o que era demonstrado também pelos ex-votos conservados na igreja, oferecidos a Rita em agradecimento por graças recebidas.

Entretanto, passaram-se os anos e, por causa do terremoto de 14 de junho de 1703, a caixa de madeira com os restos mortais da já então beata teve de ser levada ao horto do convento, onde permaneceu bastante tempo antes de ser outra vez colocada na igreja do convento restaurado.

Por isso, quando em 1743, na batalha para conseguir a canonização definitiva da beata Rita, o novo bispo de Spoleto, Paulo Bonavista, voltou a interessar-se pela reabertura do processo interrompido várias vezes por falta de fundos, a primeira coisa que fez foi dirigir-se ao convento das religiosas agostinianas para examinar os restos mortais da santa que já haviam passado por tantas vicissitudes. Com grande seriedade, o bispo, para evitar surpresas desagradáveis, exigiu das monjas um juramento, sob pena de excomunhão, para ter certeza de que aqueles restos mortais que iam ser examinados e que estavam conservados na pequena capela detrás do altar-mor eram mesmo da religiosa considerada santa. As monjas juraram que se tratava do corpo da verdadeira Rita.

A curiosidade de algumas monjas

A primeira religiosa a ser interrogada foi a abadessa Cecília Celeste Paoli, de cinqüenta anos, que estava há sete no monastério. Ela declarou que sempre lhe haviam dito que, falecida Rita, seu corpo fora colocado em um canto da sacristia interna, que naquela época era o coro inferior do mosteiro, de onde havia sido mais tarde transferido para o lugar atual, embora a abadessa não soubesse precisar a data dessa transferência.

Ante o temor de não ser de todo fiel a um juramento feito sob o perigo de excomunhão, algo gravíssimo para qualquer cristão, porém mais ainda para uma religiosa e ainda por cima abadessa do convento, madre Celeste contou ao bispo um fato desconhecido. Disse-lhe que, no tempo em que os restos de Rita permaneceram no horto do convento, as religiosas Rita Antonia Graziani, Maria Eugênia Paoli e Maria Ângela Benenati, sem que soubessem de nada as demais, movidas pela curiosidade — talvez por terem ouvido falar que o corpo de Rita mantinha-se incorrupto —, abriram o sarcófago de madeira e, desnudando o peito da santa, puderam ver suas costelas, o que indicava que naquela data o corpo já não estava incorrupto. A madre abadessa disse também ao bispo que ela conservara as duas chaves das grades que estavam em cima da primeira caixa. Abrindo-a, podia-se tocar o corpo de Rita.

Todas as outras monjas, interrogadas pelo bispo, confirmaram sempre ter ouvido dizer das religiosas mais velhas que o corpo de Rita nunca havia sido embalsamado. Ao contrário, sempre havia sido conservado precariamente até que uma nobre família ofereceu um sarcófago forte e seguro.

Após o juramento das monjas, o bispo, ante a presença de um grupo de médicos, mandou que se abrisse o sarcófago da beata Rita e puderam constatar que o esqueleto estava vestido com o hábito negro e o véu branco, típico das religiosas da Ordem de Santo Agostinho. Após um exame detalhado pelos médicos, notaram que faltava ao corpo todo o osso frontal, o do nariz e o da pupila direita, mas estavam bem visíveis os dentes. O esqueleto tinha vários ossos soltos, mas estavam intactos o rosto, as mãos e os pés. Na caixa foi também achada solta a rótula de um dos joelhos, a qual foi colocada em uma caixinha de madeira, imediatamente lacrada e entregue à madre abadessa, para que fosse conservada com as outras relíquias da capela do convento.

A terrível calúnia

O bispo mandou colocar um cristal em cima da urna para melhor proteger os restos da beata e, tendo observado a precariedade do sarcófago, pediu à Congregação de Ritos autorização para colocar os restos do corpo de Rita em outro mais seguro. Ofereceu-se para isto a família nobre de Malaspina de Ascoli Piceno. A nova urna chegou a Cássia em junho de 1745. A transferência dos restos da beata para a nova urna foi muito solene. Acompanharam-na o bispo, as autoridades religiosas do lugar e também as civis, e uma série de notários e médicos. Tirados os lacres e aberto o cristal do sarcófago, o bispo pediu aos médicos que examinassem se a rótula do joelho encontrada solta no reconhecimento de 1743 pertencia ao corpo de Rita e se era a do joelho direito.

Uma vez comprovada a autenticidade da mesma, o bispo pediu que a rótula fosse colocada em seu lugar e unida ao resto do corpo com um fio de seda branca. Os médicos encontraram também um osso de um dedo e outro fragmento ósseo. Ambos foram colocados em grandes relicários de prata. Por fim, os médicos acharam algumas vísceras soltas do corpo da beata, que o bispo mandou colocar em uma caixinha de madeira lacrada por ele mesmo e entregue à madre abadessa para sua conservação.

O esqueleto da beata foi revestido com um hábito novo de seda e colocado na nova urna duplamente lacrada. A velha urna foi colocada na cela onde a beata Rita viveu e morreu, onde ainda se encontra, após haver sido então restaurada com um novo teto e com pinturas de Antonio Congiunti. A transferência dos restos da beata para a nova e segura urna foi celebrada com grandes festejos. A Câmara beneficiou-se com a arrecadação da venda de trufas, que na cidade de Rita eram famosas e saborosíssimas. Hoje, além de famosas e deliciosas, são também caríssimas, e se encontram só a preço de ouro.

Mas nem tudo foi júbilo para os devotos da beata. Essa operação serviu de pretexto, como escreve Cuomo, para uma polêmica cheia de calúnias envolvendo as religiosas do monastério da beata. Correu o boato de que o prodígio realizado pelo corpo da santa, que em algumas ocasiões inclinava-se para diante, não passava de um truque das monjas para enganar as pessoas. Dizia-se que, ao abrir o sarcófago, os juízes de Roma haviam encontrado um mecanismo rústico, construído pelas monjas, que possibilitava levantar o esqueleto da beata à distância, sem serem vistas e quando o desejassem, fazendo-o passar por um milagre. Foi dito também que o perfume que emanava do corpo era devido a algodões empapados em essências colocados pelas religiosas debaixo do corpo. Quis-se provar essas histórias, alegando que desde então a beata nunca mais havia sido vista inclinando o corpo, nem havia voltado a exalar perfume. E que seus restos acabaram se deteriorando como o de todos os demais mortais.

Conserva-se ainda uma carta de inícios do século XIX, da abadessa de Cássia dirigida ao padre Luigi Tardi, autor de uma biografia da beata.

A abadessa ficara indignada pelo fato de ainda se falar do "antigo burburinho" sobre a fraude das monjas para fazer levantar o corpo de Rita de sua urna. Segundo a monja, aquilo nada teve a ver, como alguns tentaram insinuar, com o adiamento do processo de canonização durante tantos anos. O que impediu que Rita não subisse antes para a glória dos altares, afirmava a abadessa do convento de Cássia, foi só "a falta de dinheiro" para cobrir os muitos gastos do processo.

Enfadou-se a santa com os franceses?

A Igreja, na verdade, nunca deu especial importância ao presumido prodígio do movimento espontâneo do corpo morto de Rita, nem ao pestanejar de seus olhos que muitos devotos asseguravam haver visto em alguns momentos. O que era certo, porque foi confirmado pelos juízes chegados de Roma ao abrirem pela primeira vez a frágil urna que conservava os restos de Rita, era o estado incorrupto em que se achava seu corpo. Também é garantido que seu corpo tenha permanecido intacto apesar do terremoto sofrido em Cássia e da fuga das religiosas do convento, por causa dos franceses, durante a ocupação de Cássia em 1798.

As monjas tiveram de fugir levando consigo a frágil urna de madeira com os restos da beata Rita. Durante a viagem, o féretro sofreu numerosas sacudidelas que fizeram com que seu corpo se virasse, permanecendo dessa forma, inclinado para um lado, durante mais de um século.

Como afirma Cuomo, o que infunde ternura foi a insistência das monjas em converter aquele fato em um milagre, já que segundo elas a santa, ofendida com a arrogância das tropas francesas, havia levantado o ombro direito "em atitude de querer voltar seu rosto para o povo". Curiosamente, foi na França que mais se expandiu a devoção à santa. Ela é muito amada entre os pescadores da Normandia, por exemplo, e até entre as prostitutas de Nice. Em Paris, Rita é venerada em vários santuários e igrejas, como os de Madaleine, Santa Odila, São Pedro de Montrouge, São Pedro de Groscaillou, São Pedro de Aubervilliers, Santa Cecília, Santo Eugênio, etc. E existe o culto a Santa Rita inclusive em uma capela em frente ao Moulin Rouge, no Boulevard de Clichy.

Desde 1947, os restos da santa descansam em uma urna de prata e cristal. Apesar de todos os transtornos, tanto o rosto, como as mãos e os pés conservam ainda suas linhas normais. Sua pele aparece enegrecida, porém lisa, como as famosas múmias do Egito. O esqueleto, oculto sob os hábitos religiosos, continua íntegro. A urna é objeto de veneração de milhões de fiéis que desfilam cada ano por Cássia, para visitar o convento e os lugares onde ela viveu e morreu. Os peregrinos costumam voltar de Cássia levando para suas casas um punhado de pétalas de rosa, em recordação do milagre — segundo a tradição, elas floresceram em pleno inverno, debaixo de uma nevada, para satisfazer o desejo da santa que, antes de morrer, quis sentir o perfume das rosas de seu antigo horto, na aldeia de Roccaporena.

Capítulo XX

A Vida de Rita Através das Pinturas

Na vida de Rita tudo é paradoxal. A mais popular das santas conta com escassos documentos históricos sobre sua vida. E, no entanto, é uma das poucas santas sobre quem, desde antes de sua morte, conservam-se documentos pictóricos. Geralmente, as primeiras pinturas de um santo ou de uma santa começam a aparecer só depois de sua canonização. De Rita começaram quinhentos anos antes.

Poderia ser dito que os verdadeiros biógrafos de Rita foram os pintores. Praticamente graças a eles, sabemos que ela existiu de verdade, e isso apesar de muitas daquelas pinturas terem sido deterioradas pelo tempo. Os pintores são as verdadeiras testemunhas da existência de Rita, já que sua primeira biografia foi escrita quando já não existia mais ninguém que a tivesse conhecido em vida.

Em uma das pinturas, um afresco parcialmente apagado, Rita aparece jovem, antes de entrar no monastério, embora já viúva, com cerca de trinta anos. Está na Igreja de São Francisco, em Cássia, e é do final do século XV. A importância desta pintura consiste em revelar que Rita era já famosa e conhecida na cidade antes de tornar-se religiosa. Nessa pintura, a futura santa participa provavelmente de um rito de pacificação entre duas famílias. Talvez o ato de pacificação entre sua família e a dos assassinos de seu marido. A pintura demonstra como Rita era conhecida popularmente por sua profissão de pacificadora.

Essa pintura é também importante para aqueles que pretendem dizer que Rita adquiriu sua fama de santa só após ter entrado para o convento e não antes. Para muitos biógrafos, uma mulher só adquire a santidade se se consagra à vida religiosa, como se fosse impossível praticar as virtudes cristãs e de forma heróica no mundo, em meio aos problemas familiares. A vida de Rita desmente este clichê. Ela não se torna santa no convento, já o era antes. E talvez o fato de que entrou para a vida religiosa não menina, mas já madura, com experiência humana, depois de ter-se exercitado na difícil prática do perdão cristão e da ajuda aos mais necessitados e de haver sofrido, sem desesperar-se, duas grandes perdas, a do marido jovem, assassinado diante de seus olhos, e a de seus dois filhos ainda adolescentes, fez com que adquirisse uma santidade que as demais religiosas não atingiram. Por isso é muito injusto que a maioria dos biógrafos, sobretudo os mais antigos, passem quase ao largo dos primeiros trinta e poucos anos da vida de Rita "no mundo", como se tivessem menos importância, para voltar-se para a outra metade de sua vida, passada no convento.

Rita foi uma "santa normal" segundo o papa Wojtyla

A este respeito é interessante que o papa Wojtyla tenha-se revelado mais aberto que muitos biógrafos. Com efeito, na carta enviada ao bispo de Spoleto, Pietro Alberti, em 10 de fevereiro de 1982, em função do centenário do nascimento da santa, ele faz alusão à importância da primeira parte da vida de Rita. João Paulo II pergunta a si mesmo em sua carta: "Por que Rita é santa?" E responde ele mesmo: "Não tanto pela fama dos prodígios que a devoção popular atribui à eficácia de sua intercessão junto a Deus, quanto pela incrível 'normalidade' de sua existência cotidiana, primeiro como esposa e mãe, depois como viúva e por fim como monja agostiniana." E acrescenta o papa Wojtyla: "Verdadeiramente, Rita é ao mesmo tempo a 'mulher forte' e a 'virgem sábia' de que nos fala a Bíblia (Pr .31, 10 ss, e Mt., 25, 1 ss), que em todos os estados de sua vida indica, e não com palavras, qual é o caminho autêntico para a santidade." E conclui: "Por isso quis apresentar a todos os seus devotos, espalhados por todo o mundo, a doce e sofrida figura de Santa Rita com o desejo de que, inspirando-se nela, queiram responder — cada qual no estado que lhes é próprio — à vocação cristã com suas exigências de limpidez, testemunho e coragem: *sic luceat lux vestra coram hominibus* (que vossa luz brilhe assim entre os homens)." (Mt. 5, 16).

De fato o que fez sempre popular e simpática a santa de Cássia é que ela não foi uma religiosa santa mas, como muitas outras de sua época e posteriores, antes de ser monja foi também uma mulher como milhões de outras mulheres. Com os mesmos problemas, as mesmas alegrias e prazeres, e também os mesmos sofrimentos. E que foi admirável em sua vida no mundo. Para esses milhões de mulheres, devotas de Santa Rita, o que atrai na figura da santa italiana não é só sua santidade do claustro, mas o fato de ter sido uma cristã heróica, amante da paz e da concórdia, em meio a uma sociedade que primava pela guerra, pelo ódio e pela vingança. Por isso, Rita é uma santa próxima das pessoas, com a qual é fácil identificar-se, coisa que não ocorre com as santas que viveram toda sua vida, desde a infância, dentro dos muros da clausura conventual.

As outras pinturas sobre Rita começaram, como já dissemos, imediatamente depois de sua morte, ao ponto de que deve ser a única santa da história cujo caixão funerário, feito às pressas, de madeira simples, foi objeto de um poema sobre a vida da santa, e de toda uma série de pinturas que queriam deixar manifesto o quanto era especial a monja falecida, já com fama de santa.

As pinturas destacam alguns dos mitos sobre a santa

As outras pinturas, numerosas, revelam, entre outras coisas, que alguns dos episódios e prodígios que se contam de sua vida e que poderiam ser lendas, na realidade são muito antigos e enraizados na piedade popular, pois aparecem já naquelas pinturas, algumas de poucos anos depois de sua morte, como a do milagre das abelhas brancas que revoluteavam sobre seu rosto e saíam e entravam em sua boca quando ainda estava no berço, sem fazer-lhe mal algum.

Outra circunstância que aparece quase em todas as pinturas é a da chaga na fronte, o que indica que devia ser algo muito conhecido na cidade, fora dos muros do convento. Existe, no entanto, uma pintura em que Rita aparece com o rosário nas mãos, com um rosto muito jovem e que é a única em que não apresenta o famoso e misterioso estigma na testa. Rita encontra-se junto a outros santos retratada por um pintor úmbrio do século XV. É um dos retratos mais bonitos e sorridentes da santa.

Sempre se discutiu se Rita era uma mulher culta ou analfabeta, como a maioria das mulheres de seu tempo, sobretudo as que como ela viviam em uma aldeia, fora da cidade. Alguns biógrafos tentam provar a tese da Rita inculta, pelo fato de não haver deixado nada escrito nem sequer nos longos anos do convento, como Catarina de Siena ou Ângela de Foligno.

No entanto, as pinturas da época demonstram, sem deixar dúvidas, que Rita tinha estudos e sabia ler, pelo simples fato de que ela aparece em muitas pinturas com um livro na mão ou lendo o breviário. Nenhum pintor da época a pintaria com um livro se ela fosse analfabeta, já que eles sabiam muito bem que a maioria das mulheres não sabia ler. O detalhe do livro nas mãos de Rita, mais que simbólico, é uma grande prova. Os pintores sabiam muito bem que Rita era culta.

Capítulo XXI

Rita Abriu o Século XXI na Praça de São Pedro

Rita de Cássia foi a primeira santa canonizada no amanhecer do século XX, pelo papa Leão XIII, e simbolicamente seus restos mortais foram levados para a praça de São Pedro, no Jubileu do século XXI, para celebrar o centenário de sua canonização. Rita foi, sem dúvida, como afirmou o papa João Paulo II durante seu discurso, a peregrina mais ilustre dos milhões de fiéis chegados de todo o mundo para obter o Jubileu. O corpo de Rita chegou à praça de São Pedro em um helicóptero militar em 20 de maio de 2000, aplaudido pelos milhares de fiéis que se haviam reunido ali para recebê-la.

Em seu discurso ante o sarcófago de Santa Rita, João Paulo II afirmou: "Os restos mortais de Santa Rita, que hoje veneramos aqui, constituem um testemunho significativo da obra que o Senhor realiza na história, quando encontra corações simples abertos para seu amor. Nós vemos o corpo frágil de uma mulher pequena de estatura, porém grande em santidade, que viveu de forma humilde e hoje é conhecida no mundo inteiro por sua heróica existência cristã de esposa, mãe, viúva e monja. Profundamente enraizada no amor a Cristo, Rita encontrou em sua fé inquebrantável a força para ser mulher de paz em todas as circunstâncias." E acrescentou o papa Wojtyla em seu discurso: "A santa de Cássia pertence às grandes fileiras de mulheres cristãs que tiveram uma influência significativa tanto na vida da Igreja como na da sociedade. Rita interpretou bem o 'gênio feminino': viveu-o intensamente tanto em sua maternidade física como espiritual."

É incontestável, como afirmou o papa João Paulo II, que Rita tenha sido uma "mulher de paz", em todas as circunstâncias de sua vida. E é isso que a faz moderna e querida por todos em um mundo e em uma sociedade onde cada dia primam os valores da guerra e da competição, do egoísmo pessoal e coletivo dos povos. A grande característica de Rita, que viveu também em circunstâncias sociais e políticas bem dolorosas, onde reinava a guerra mais que a paz, é que ela nunca se rendeu à inelutabilidade da violência, do dente por dente, da vingança, que era institucional na sociedade em que ela vivia, e intuiu que os caminhos da felicidade passam pelos atalhos estreitos e difíceis da paz e do perdão. Para muitos, foi uma santa amável e doce, porque foi semeadora de paz. É verdade, mas sem esquecer que para isto é preciso possuir uma forte personalidade, convicções muito seguras, já que mais fácil de percorrer é a grande avenida da guerra e da injustiça, que seduz sem esforço. Apostar na paz é subir montanha acima, é ir contra a corrente nas águas do rio, é ser incompreendida. Como ela o foi pela família de seu marido assassinado, ao opor-se a revelar os assassinos, para não desencadear novas vinganças e novos crimes.

Muitos dos devotos que chegam todo ano a Cássia para venerar seus restos mortais, sobretudo no dia de sua festa, 22 de maio, vão com a confiança de conseguir alguma graça da famosa santa "das causas impossíveis". E muitas vezes a conseguem porque sabemos que a fé move montanhas. Porém, há cada vez mais gente que acredita em todo o mundo que Rita antecipou, com sua intuição feminina, que só a paz pode salvar o mundo, não a guerra. Hoje todos dizem isto. Até os cientistas alertam sobre a possibilidade de destruição massiva do mundo, se não apostarmos na paz. Nos tempos de Rita, a guerra era o normal, vivia-se para lutar, para conquistar territórios, para vencer o inimigo. Ela foi profeta e soube entregar sua vida, fora e dentro do convento, à causa nobre da paz e do perdão, na esperança de que sua intuição pudesse acabar contagiando a muitos outros.

A santa em seu novo e moderno santuário de Cássia

Quem hoje deseja ir à Itália para visitar os lugares onde Rita nasceu, viveu e morreu, na cidade de Cássia, vai encontrar ali não o pequeno e pobre Convento de Santa Maria Madalena, que depois recebeu o nome de Santa Rita, mas um grande santuário, moderno e acolhedor. O convento onde Rita passou a metade de sua vida era muito antigo. Pensa-se que podia ter sido do século XII e que pertencia já às monjas da Ordem de Santo Agostinho. Porém a primeira memória escrita é do ano de 1340.

O convento era mínimo, porém, mal Santa Rita morreu, as monjas contaram com a ajuda dos devotos para começar a reestruturá-lo e ampliá-lo. A antiga igreja de Santa Maria Madalena começa a levar o nome de Rita, pelo menos a partir de 7 de novembro de 1516, uns setenta anos depois de sua morte e muito antes de ser beatificada. Mas convento e igreja passaram por muitos transtornos, entre eles os terremotos que foram minando sua estrutura original.

Só a partir de 1930, as monjas de Santa Rita começaram a pensar a sério na construção de um novo santuário, capaz de acolher os devotos que chegavam a cada ano em maior número para venerar a santa. Foi sobretudo durante a direção do convento por parte da abadessa Maria Teresa Fasce, que passou trinta anos como superiora, que se começou a projetar seriamente uma nova igreja. Até chegaram a existir três projetos diferentes de um dos arquitetos mais famosos de Roma, Armando Brasini. No entanto, tudo parou por falta de fundos.

A abadessa Fasce não desistiu e em 1934 outro arquiteto, desta vez um religioso, monsenhor Spirito Maria Chiapetta de Milão, engenheiro e presidente da Comissão para a Arte Sagrada na Itália, preparou um novo projeto, encarregando as obras a uma construtora. A primeira pedra foi colocada solenemente no dia 20 de junho de 1937. E as obras não se limitaram ao novo santuário, mas alcançaram também o velho convento. As obras tiveram que ser interrompidas por causa da guerra, embora tenham recomeçado no ano seguinte e, a 18 de maio de 1947, a igreja foi oficialmente consagrada.

Na decoração do novo santuário, amplo, luminoso e moderno, participou toda uma plêiade de artistas, reproduzindo cenas da vida da santa. Uma pintura impressionante é a da cúpula central, realizada entre 1950 e 1956 por Giovanni Fallani em uma superfície de trezentos metros quadrados.

A marca do grande escultor italiano Giacomo Manzú

No santuário trabalhou também o escultor italiano mais famoso do século, Giacomo Manzú, o mesmo que realizou a porta de bronze da basílica de São Pedro e que fez o busto do papa João XXIII. A obra escultórica de Manzú no santuário de Santa Rita impressiona, mal se entra na igreja, e é sem dúvida a de maior valor artístico.

As negociações para convencer Manzú a realizar aquele trabalho gigantesco para o novo santuário de Santa Rita não foram fáceis. Convenceu-o a madre abadessa do monastério Maria Geltrude Cecarelli, em uma conversação que teve lugar na casa do escultor, em 13 de julho de 1977. A obra de Manzú tem uma história pouco conhecida: as monjas de Santa Rita queriam que o tema fosse o da Última Ceia de Jesus com seus apóstolos e do encontro de Jesus com os discípulos de Emaús. Manzú porém, se negou, queria ter as mãos livres para fazer o que ele considerava melhor para o santuário. Em uma carta, que Giorgetti-Sabatini acabam de publicar em sua obra sobre os últimos descobrimentos históricos sobre a vida de Santa Rita, Manzú expôs sua idéia, escrevendo à madre abadessa:

Eu lhe direi logo, gentilíssima Madre, que já tinha imaginado meu trabalho e continua a obra nesta linha, porque quero, desejo, que no Santuário, no lugar central, se destaque o Altar de Ouro de Santa Rita de Cássia (...). Não pense que eu, como escultor, possa recorrer a símbolos figurativos que testemunhem a onipotência Divina, porque esta onipotência Divina será proporcionada por todo o conjunto, ainda que eu me dedique à decoração (...). Esta decoração é mais difícil ainda que representar a Última Ceia ou o encontro de Emaús. Fazer "ramos de oliveira", ou pensar nas "pombas", ou nas "espigas de trigo", ou nos "cachos de uva", às vezes, creia-me, não é para todos. Não creia que sou um soberbo, Madre, porém diante de Deus pode bastar um fio de relva, desde que este tenha sido feito com amor. Portanto, confie em mim e diga a suas irmãs que quando se verá esse Altar-mor, com minhas peças em bronze dourado e mercúrio, será como um hino para esta pobre imagem de santa.

As madres do convento se convenceram e deram liberdade de criação a Manzú. Foi uma decisão inteligente, pois teria sido um crime prescindir da possibilidade de que Manzú pudesse imortalizar o novo santuário de Santa Rita com sua obra imponente e maravilhosa.

Considerações Finais

A santa do silêncio e do perdão apresenta-se como a santa mais atual e moderna.

Como viu o leitor, a vida singela de Santa Rita de Cássia é quase uma fábula, em que se mesclam verdades históricas e belas lendas infantis. Rita desperta simpatia talvez por isso, porque conhecemos pouco de sua vida, e porque ao mesmo tempo é possível intuir que, sob aquele nome, viveu na sombria Idade Média, em tempos de guerras e violências, uma grande mulher. Não uma mulher de batalha, como uma Catarina de Siena, mas uma mulher que apostou no silêncio das palavras para concentrar-se na linguagem dos fatos. Alguns fatos muito simples, mas que cativaram as pessoas de seu tempo e de sua cidade. Rita apostou no milagre do perdão, em uma sociedade dominada pela vingança sangrenta. Apostou na pacificação, quando o que todos queriam era apagar com sangue as ofensas recebidas.

Não sabemos de nenhum testemunho direto de como era Rita, porém ficou viva sua memória. Uma memória luminosa, que não se perdeu até nossos dias. É uma santa que, ao contrário de outras da história da Igreja, que com o tempo se vão apagando, para dar passagem a novas figuras de santidade mais modernas, torna-se cada vez mais presente e que tem merecido que se levantem mais lugares de culto em sua honra.

Por que Rita, além de ser uma santa popular e milagrosa, aparece também como uma santa atual? Provavelmente porque seus devotos, crentes ou não, intuem que em uma sociedade do ruído, de inflação de palavras e discursos, em uma sociedade incapaz de fazer calar as armas, em que as minorias são humilhadas e as diferenças anatematizadas, a singela vida de Rita, que apostou na paz e no perdão, desperta ternura e esperança. Rita foi só isso: uma utopia vivente que revelou, sem pronunciar uma só palavra, que o mundo pode ser menos infeliz se souber transformar o ódio em perdão. Tão simples e tão complexo ao mesmo tempo. Para muitos, impossível. No entanto, esse foi e continua sendo o milagre mais evidente e valioso de Rita, a advogada do impossível.

Biografia Básica

Atti del processo di beatificazione. Cássia, Arquivo do Mosteiro de Santa Rita, 1626.

Atti del processo de beatificazione. Roma, Arquivo Agostiniano (Ms 92), 1626.

Bergadano, Elena. *Rita de Cássia. A santa de todos*. São Paulo: Edições Loyola, 2003.

Breve racconto della vita e miracoli della beata Rita de Cascia. Roma: Stamperia della Camara Apostolica, 1628.

Cavallucci, Agostino (OSA) *Vita della beata Rita da Cascia dell'Ordine di Sant'Agostino*. Siena, 1610.

Cuomo, Franco. *Rita de Cássia — A santa dos casos impossíveis*. São Paulo: Paulinas, 2000.

Documentazione (DRA). Organizado por Damaso Trap (OSA) e pelo Mosteiro de Santa Rita, 4 vol.:

    I.   *Il processo del 1626 e la sua letteratura.*

    II.   *Il volto veritiero di Santa Rita.*

    III.   *Gli Statuti di Cascia — La Cascia di Santa Rita.*

    IV.   *L'Archivio notarile di Santa Rita.* Cascia, 1968-1970.

Giorgetti, Vittorio e Sabatini, Omero. *Le colline della speranza. Rita da Cascia*. Cittá dei Castello: Edimond, 2002.

Giorgetti, Vittorio e Sabatini, Omero. *L'Ordine Agostiniano a Cascia. — Nuovi dati storici sulla vita di santa Rita e di altri ilustri agostiniani. — Ricerca storica su fonti ignote, inedite e sottoutilizzate*. Perúgia: Quatroemme, 2000.

Macdonald, Fiona. *O cotidiano europeu na Idade Média*. São Paulo: Melhoramentos, 1995.

Macedo, José Rivais. *A mulher na Idade Média*. São Paulo: História Contexto.

Morini, Adolfo. *La questione cronologica di Santa Rita*. Roma. Arquivio per la Storia Eclesiastica dell'Umbria, 1947.

Rano, Balbino, (OSA). *Santa Rita. Estudio histórico-crítico sobre sus primeras biografías y sobre su vida*. Roma.

Tardi, Luigi. *Vita della beata Rita di Cascia*. Foligno, 1805.

Trapé, Agostino (OSA). *Santa Rita e il suo messaggio*. Terni: Litografia Umbriagraf, 1981.

© 2004 by Juan Arias

Título original:
Santa Rita de Casia, abogada de las causas imposibles

Todos os direitos desta edição reservados à
EDITORA OBJETIVA LTDA. Rua Cosme Velho, 103
Rio de Janeiro – RJ – CEP: 22241-090
Tel.: (21) 2556-7824 – Fax: (21) 2556-3322
INTERNET: www.objetiva.com.br

Capa e Projeto Gráfico
Raul Fernandes

Edição de texto
Fabiano Morais

Revisão
Neusa Peçanha
Umberto Figueiredo

Editoração Eletrônica
FA Editoração

A696r
    Arias, Juan
        Rita / Juan Arias. Tradução de Olga Savary. – Rio de Janeiro: Objetiva,
    2005.

    168 p.   (Os santos)   ISBN 85-7302-639-1
    Tradução de: *Rita.*

    1. Rita de Cássia, Santa (1381-1456) – Biografia. 2. Catolicismo – Santos.
    I. Título II Série

                                                CDD 922
    235.2

Conheça mais sobre nossos livros e autores no site
www.objetiva.com.br
Disque-Objetiva: 0800 224466 (ligação gratuita)

Este livro foi impresso na
LIS GRÁFICA E EDITORA LTDA.
Rua Felício Antonio Alves, 370 – Jd. Triunfo – Bonsucesso
CEP 07175-450 – Guarulhos – SP – Fone: (011) 6436-1000
Fax.: (011) 6436-1538 – E-Mail: lisgraf@uninet.com.br